Für alle Genießer und Entdecker dieser Welt.
Für dich.

NECTAR & PULSE®

Genieße den Nektar,
spüre den Puls.

Tanja & Christian Roos

Glücklich in Wien

Der Reiseführer für Genießer und Entdecker

Süddeutsche Zeitung Edition

Inhalt

1. Willkommen

Herzlich willkommen in Wien! „Wien ist schön, ist alt und jung, ist nah am Wasser gebaut und von widersprüchlichem Gemüt – so etwas wie ein lebensfroher Grantscherm (schlecht gelaunter, grantiger Mensch)“, sagt Klaus Mühlbauer auf Seite 38. Mit unserem Reiseführer entdeckst du diese sehr unterschiedlichen Facetten der lebenswerten österreichischen Hauptstadt. In jeder Kategorie kommen diese Kontraste zum Ausdruck: pulsierende Großstadt und grüne Oasen, historische Gemäldegalerien und progressive Kunstszene, Würstelstand und kreatives Fine-Dining-Restaurant, Kaffeehäuser und Coffee-Shops, Wiener Klassik und hippe Cocktailbars. Wir freuen uns, diese vielfältigen Lieblingsorte hier mit dir zu teilen. Viel Vergnügen!

ROMANTIKER
100 JAHRE BAUHAUS

Küss die Hand!
Schön, dass du da bist.

Wien ist in einer internationalen Studie zum zehnten Mal in Folge zur lebenswertesten Stadt der Welt gekürt worden. Dies ist nicht zu verwechseln mit der Studie zu den glücklichsten Menschen, die leben bekanntlich in Skandinavien. Der Wiener Grant schafft es aber immerhin auf Platz 10 (2019). Doch wie erklärt sich die hohe Lebensqualität? Ganz einfach: Wien bietet ALLES. In den unterschiedlichen Grätzeln (Nachbarschaften) fühlt es sich an wie auf dem Dorf, gleichzeitig lebt man aber in einer Metropole, dem politischen Zentrum des Landes. Wien ist eine der ganz wenigen Großstädte, die ihren eigenen Weinanbau pflegt und sie lädt in ihre Heurigen zum Genießen ein. Die Stadt ist sauber und mit vielen Parks gestaltet, sie ist flächenmäßig so groß, dass die Mieten für eine breite Mittelschicht bezahlbar sind und die Fahrradwege sind großzügig ausgebaut. Es ist lebendig: in den Straßen, Parks und den unzähligen Schanigärten an einem Sommerabend. Ähnlich wie in Berlin. Außer, dass in der Donau auch noch geschwommen wird. Wien ist also gewissermaßen die „eierlegende Wollmilchsau". Ganz nach dem berühmten Wiener Bürgermeister Michael Häuptl: „Mei Wien is ned deppat!"

Das Beste daraus teilen wir hier. Man wird auf seiner Reise nie alles sehen können. Daher fokussieren wir uns auf das Wesentliche und teilen mit dir die für uns ungewöhnlichsten und schönsten Orte auf den folgenden Seiten. Zusätzlich befragen wir inspirierende Einheimische zu ihren Lieblingstipps und lassen sie in unseren Reiseführern zu Wort kommen. Wir nennen sie *Local Soulmates*. Daraus entsteht eine spannende Mischung aus originellen und authentischen Orten, an denen man die Seele baumeln lassen, den Moment genießen und das Glück in jeder Zelle spüren kann. Ob als Paar, als Familie, mit Freunden oder alleine – für jeden Bedarf gibt es die richtige Adresse. Ganz nach dem Motto: Das Leben ist eine Reise.

In diesem Sinne wünschen wir eine erfüllte Zeit.

Genieße den NEKTAR. Spüre den PULS. Diesmal in Wien.

Herzlichst

Tanja & Christian

Wien Stadtteile

Infos zum Guide:

> Über den QR-Code findest du eine große Karte, in der alle Tipps mit Adressen verzeichnet sind.

> Die einzelnen Kategorien und Viertel sind farbig markiert, so dass du dich schnell orientieren kannst.

> Wir entdecken eine Stadt am liebsten nach Stadtvierteln. Daher sind die Tipps innerhalb eines Themas nach Vierteln sotiert, sodass du sowohl als auch suchen kannst.

Damit steht einer glücklichen Zeit in Wien nichts mehr im Wege. Schönes Entdecken!

ZENTRUM: 1. BEZIRK

Ein Blick von der Hofburg offenbart die Silhouette des historischen Kerns der Stadt – vom Naturhistorischen Museum bis zur Michaelerkirche. Mittendrin zeigt sich Wiens ganzer Stolz: der Stephansdom, dessen Baugeschichte bis in das 12. Jh. zurückreicht. Vom großen Giganten zum Franziskanerplatz sind es nur fünf Minuten zu Fuß. Hier trifft sich die Wiener Kreativ-Szene im Kleines Café. Bis 1850 bestand die Stadt Wien einzig aus dem inneren Bezirk, erst danach wurde die Stadtmauer geschleift und die Ringstraße 1865 eröffnet, auf der du heute mit der Ring-Tram all die prachtvollen Bauten bestaunen kannst. Im 1. liegt alles in Fußnähe. Es gibt über 60 Museen, die Hofburg und das Burgtheater, Sterne-Restaurants und Streetfood-Imbisse, Handwerksbetriebe und Concept Stores. Ein großstädtischer, pulsierender Bezirk, in dem es sich doch charmant und genussvoll spazieren lässt und der Donaukanal immer in Fußweite ist.

OSTEN: 2. & 22. BEZIRK

Angrenzend an den 1. liegt der 2. Bezirk mit dem Donaukanal und der Donau. Er ist komplett umgeben von Wasser – eine Insel mitten in der Stadt. Auch sonst ist die Gegend ein ziemlicher Grenzgang. Auf engstem Raum erstreckt sich hier eine kulturelle Vielfalt, die unter anderem auf die Namen Stuwer-, Karmeliter- und Rembrandtviertel hört – den Wiener Prater nicht zu vergessen. Dieser ist mit seinem Riesenrad die kommerziell-bekannteste Sehenswürdigkeit der Stadt. Wirklich gut essen lässt es sich im Skopik & Lohn, gut einkaufen im Concept Store von Silvia Gattin. Auf der anderen Donauseite liegt dann der 22. Bezirk, auch Donaustadt genannt. Er ist nicht nur der größte, sondern auch der entlegendste Bezirk, in dem wir uns herrlich durch die sagenhafte Naturkulisse treiben lassen, barfuß durchs Gras laufen und die Stille genießen.

SÜDEN: 3./4./5. & 10. BEZIRK

Das südliche Wien ist weniger aufregend und doch finden sich hier zwei der begehrtesten Fotomotive: das Hundertwasserhaus und das Schloss Belvedere, das bis an seine barocken Zaungrenzen vor fotogenen Kulissen nur so strotzt. Kulinariker finden zudem im Stadtpark die Genusstempel der Familie Reitbauer (Meierei und Steirereck mit zwei Michelin Sternen). Im benachbarten 4. findest du vorzügliche Frühstücklokale, Wirtshäuser. Zur anschließenden Inspiration empfehlen wir dir einen Spaziergang entlang der Schleifmühlgasse durch einige großartige Kunstgalerien. Die Margaretenstraße besticht auch durch vielerlei Gastro-Hotspots.

WESTEN: 6./7. & 8. BEZIRK

Klein, aber oho! Mariahilf mag Wiens zweitkleinster Bezirk sein, hat mit einer geballten Ladung an hippen und ungewöhnlichen Shopping-Möglichkeiten aber viel zu bieten: die Saint Charles Apotheke, die Wohnung, das Raumkomplett und den berühmten Naschmarkt mit dem tollen Flohmarkt am Samstag. Zudem findest du hier traditionelle Kaffeehäuser wie das Café Jelinek oder Sperl. Durch die belebte Mariahilfer Straße getrennt, setzt sich das Hipstertum am Fuße des Museumsquartiers in Wien Neubau – Wiens Pendant zu Berlin Mitte – fort. Nach einem anschließenden Abendspaziergang in der Josefstadt rund um die romantische Maria-Treu-Gasse empfiehlt sich ein Kulissenwechsel in Wiens ältestes bestehendes Theater und danach zu einem klassischen Wiener Würstelstand.

FERNWEST: 13./14. & 15. MIT SCHÖNBRUNN

Je mehr wir uns der Wiener Stadtgrenze nähern, umso weitläufiger wird es. Schön ist es hier, wie der Name der Hauptattraktion in dieser Gegend, das Schloss Schönbrunn, schon vermuten lässt. Idyllische Naturkulissen, geschichtsträchtige Bauwerke und weitläufige Spazierwege. Der Schloßpark bietet neben der einstmaligen Sommerresidenz von Kaiserin Maria Theresia eine Vielzahl toller Sehenswürdigkeiten wie den Zoo Schönbrunn als ältesten noch bestehenden Zoo von 1752, den Irrgarten, den Neptunbrunnen und köstliche Einkehrmöglichkeiten. Zudem gilt es die Klimt- und Hermesvilla (die Kleinodien von Gustav Klimt und Kaiserin Elisabeth) oder den etwas abgelegenen Hofpavillon des berühmten Wiener Architekten Otto Wagner zu entdecken.

NORDWESTEN: 9./16./17./18. & 19. BEZIRK

Auf zur Landpartie! In Ottakring finden wir noch authentisch städtischen Charme am Yppenplatz. Im 9. lockt das charmante Servitenviertel und der Kutschkermarkt zum Erkunden. Dahinter treffen wir am Rande des Wienerwaldes auf ungeahnt romantische Kulissen: elegante Villen mit blätterbewachsenen Fassaden oder die Himmelsstraße mit einer der schönsten und aussichtsreichsten Picknickorte der Stadt, die Bellevuewiese. Wien ist wohl die einzige Metropole mit eigenen Weinbergen. Insbesondere im nördlichen Döbling finden sich pittoreske Heurige, die regionalen Veltiner und hausgemachte Spezialitäten servieren. Wiens Romantik-Joker? Die Strudlhofstiege im Alsergrund, die bereits Hermito von Doderer zu folgenden Zeilen inspirierte: „Wenn die Blätter auf den Stufen liegen, herbstlich atmet aus den alten Stiegen, was vor Zeiten über sie gegangen."

WIEN IN ZAHLEN

23

Gemeindebezirke

ANZAHL EINWOHNER:
2,8 MILLIONEN

(30 % aller Österreicher)

Erste urkundliche Erwähnung: 881

N 48° 12‘ 29“
O 16° 22‘ 25“

„Wien darf nicht verwechselbar mit dem Zentralfriedhof werden.“

Michael Häupl, Wiener Bürgermeister 1994–2018

Erster Wiener Opernball:

1877

Anzahl der Zimmer im Schloss Schönbrunn:

1441

(45 davon können besichtigt werden)

ANZAHL TOURISTEN PRO JAHR:
7,5
MILLIONEN

Schanigarten
Tische vor einem Lokal auf öffentlichem Bereich.

Anzahl Kaffeehäuser 2019:
ca. 836

Kleinstes + bevölkerungsreichstes Bundesland Österreichs

„leiwand"
(großartig)

Kürzeste Gasse:
17,5 Meter
(Irisgasse)

BEKANNTE WIENER PERSÖNLICHKEITEN:

Niki Lauda 1949–2019

Falco 1957–1998

Romy Schneider 1938–1982

Friedensreich Hundertwasser 1928–2000

Arthur Schnitzler 1862–1931

Johann Nestroy 1801–1862

Marie Antoinette 1755–1793

Maria Theresia 1717–1780

Otto Wagner 1841–1918

Sigmund Freud 1856–1939

Franz Schubert 1797–1828

Gustav Klimt 1862–1918

Heuriger, Beisl

Fertigstellung Steffl (Stephansdom):
1147

Lebenswerteste Stadt der Welt – zum 10. Mal in Folge (Mercer)

Vielseitigstes Wort: „Oida"

Tiergarten Schönbrunn: 1752 eröffnet = ältester Zoo der Welt

Amadeus

105
Peter Altenberg

You have been expected

5. STOCK 501-507
WIEN UND
DIE LIEBE
5TH FLOOR
VIENNA OF
LOVE & DESIRE

MQ
MuseumsQuartier
Wien

you may say
I'm a dreamer
but I'm not
the only one

Das Gute
liegt so
nah.

FERNWÄRME WIEN

Städtisches wie geografisches Zentrum Wiens: der Stephansplatz

2. Glückliche 24 Stunden

Es braucht nicht viel für einen gelungenen Tag. Ein gemütliches Wiener Kaffeehaus, ein leckeres Essen, interessante Menschen, eine inspirierende Ausstellung, ergreifende klassische Musik oder ein entspannter Spaziergang im Grünen … Die folgenden 24 Stunden sind unsere ganz persönlichen Vorlieben für einen glücklichen Tag in den unterschiedlichen Grätzeln von Wien. Tauche ein und lass dich treiben, genieße den Nektar und spüre den Puls. Viel Vergnügen und eine schöne Reise in „unser" Wien. Alle Tipps der 24 Stunden finden sich auch in den Rubriken und auf der Karte wieder.

Glückliche 24 h im 1. Bezirk – City

13 Uhr

Zum Lunch essen wir einen Salat im *90. Le Bol* oder klassisch österreichisch im *93. Plachutta*. Alternativ auch eine Käskrainer beim Würstelstand Bitzinger – nicht die beste Wurst, aber das beste Setting!

12 Uhr

Von hier schlendern wir über den Maria-Theresien-Platz (für Kulturhungrige sei dringend ein Besuch im *2./3. Natur- oder Kunsthistorischen Museum* empfohlen) zum *62. Volksgarten* – vorbei an der Säulenhalle, dem Rosengarten bis zum Mozartdenkmal am *62. Burggarten*.

10 Uhr

Wir beginnen den Tag mit einer Fahrt mit der Ring-Tram! Im Anschluss besuchen wir den *8. Justizpalast* und genießen die sensationelle Aussicht vom Justizcafé im obersten Stockwerk (der Kaffee schmeckt nur mäßig!).

9 Uhr

Authentisch wienerisch nächtigen wir in der *280. Pension Nossek*, ganz im Kontrast dazu luxuriös im *277. The Guesthouse* oder im angenehm sympathischen *283. Designhotel Hollmann*.

14 Uhr

Darauf freuen wir uns schon seit unserer Ankunft: Jetzt geht es in die *4. Albertina*!

16 Uhr

Nach der Albertina marschieren wir an der *6. Hofburg* entlang zum *95. Schwarzen Kameel*. Dort essen wir eine Semmel mit Beinschinken und trinken dazu ein Glas Cremant.

17 Uhr

So oder so ist es Zeit für ein Stündchen Zeitung lesen im klassischen Wiener Kaffeehaus: prunkvoll im *155. Café Central*, bodenständig im *157. Café Korb* oder charmant im *158. Café Hawelka*.

19 Uhr

Zum Dinner geht es schließlich zum Schnitzelessen zu *82. Meissl & Schadn*, zu unserem Local Katharina Schinkinger ins *85. Habibi & Hawari*, ganz chic ins *94. Vestibül* oder ganz trendig in die *83. Labstelle*.

22 Uhr

Ein absolutes Muss ist ein Drink bei *250. Roberto* oder in der *248. Loos American Bar*.

Glückliche 24 h im 2. & 9. Bezirk

13 Uhr

Sensationell leckeren Lunch gibt es im *97. Mochi*, japanisch at its best! Deliziöses Eis gibt es gegenüber bei *195. Leones Gelato*.

12 Uhr

Entlang der Praterstraße schlendern wir durch die Läden und bekommen langsam Hunger.

11:30 Uhr

Für Architektur-Fans sei der von Zaha Hadid entworfene *10. WU Campus* oder die *13. Kirche Franz von Assisi* empfohlen. Alle anderen radeln weiter zum besten Café der Stadt, sagt Local Nuriel, ins *176. Balthasar*.

10 Uhr

Wir erwachen im *284. Magdas Hotel*. Die Sonne scheint, also ab in den *15. Prater* zum Riesenradfahren und den Blick auf die Stadt bestaunen!

14:30 Uhr

Weiter geht es die Praterstraße runter bis zur Donau und dann den Kanal nach Norden entlang, Graffitis bestaunen und im *255. Neni am Wasser* auf einen Drink einkehren.

16 Uhr

Nun ist es nicht weit bis zum wunderbaren *57. Karmelitermarkt*, um ein paar kulinarische Schätze zu kosten.

17:30 Uhr

Es folgt ein Spaziergang durch den *64. Augarten* und ein Stöbern durch das Porzellanmuseum.

19 Uhr

Wir freuen uns auf ein Schnitzel im *102. Skopik & Lohn* oder auf einen Besuch bei *99. Pizza Mari* (oder auch auf eine Pizza zum Mitnehmen und im Park genießen).

21 Uhr

Wir machen heute frei, also kein Theater und kein Konzert, sondern gönnen uns einen richtig guten Drink ein paar Meter weiter in der *254. Hammond Bar*.

22 Uhr

Glücklich beziehen wir Quartier im *281. Grätzlhotel* am Karmelitermarkt oder rücken weiter in die City ins *Ruby Lissi* oder *278. Grand Ferdinand*.

Glückliche 24 h im 7. Bezirk (Neubau)

14:30 Uhr

Zum Shoppen spazieren wir die Neubaugasse entlang *(237. We Bandits, 236. Mühlbauer Hüte, 229. Art point)*, dann weiter in die Siebensterngasse *(226. Arnold's, 233. Ina Kent und 235. Volta)* und bis zum Burgring zu *231. burggasse24* und *234. eigensinnig*.

12 Uhr

Mittagessen gehen wir im schönen Innenhof des *140. Glacis Beisl* oder in der *111. Bao Bar*.

10 Uhr

Wir besichtigen zeitgenössische Kunst im *24. Museum Leopold* oder mit unseren Kids das Kindermuseum *25. ZOOM*.

9 Uhr

Wir spazieren hinüber zum *23. Museumsquartier* und holen uns auf dem Weg einen Kaffee im *185. Café Espresso*. Wer noch frühstücken will, schaut im *110. Ulrich* vorbei.

16 Uhr

Hier essen wir ein Eis bei *199. Veganista Ice Cream* oder *200. Schelato*.

16:30 Uhr

Zeit für ein Bier am gemütlichen Sankt-Ulrichs-Platz im *262. Café Morgenstern*.

18 Uhr

Wir gehen früh zum Abendessen ins *109. Tian Bistro*. Wer es mexikanisch mag, besucht das *117. Santos*. Wunderbare Heurigen-Atmosphäre findet man im *142. Durchhaus*.

19:30 Uhr

Wir besuchen eine Vorstellung im *54. Tanzquartier*.

22 Uhr

Nach der Vorstellung machen wir eine Bar-Tour und gehen in die hippe Bar *263. Die Parfümerie*, ins WIRR und in die Cocktailbar *261. bestens*.

0 Uhr

Unser absolutes Lieblingshotel ist das *286. Altstadt Vienna*! Einzigartig auf eine ganz andere Weise ist zudem das *288. Hotel am Brillantengrund*.

3. Local Soulmates

Eine Destination wird vor allem durch ihre Menschen zu dem, was sie ist. Wir haben hier jene porträtiert, die ihre Heimatstadt gut kennen und großzügig mit dir ihre Lieblingsorte teilen. Sie kommen aus den unterschiedlichsten Bereichen: Hutmacher, Aktivisten, Fotografen, Modedesigner, Kunstkuratoren, Unternehmer, Autoren, Gastronomen & Hoteliers, Kreative, Familien ... Hier erfährst du, warum ihre Heimat in ihren Augen so besonders ist. Begib dich auf eine kleine Reise in das Leben und die Welt von inspirierenden Wienern, die ihre Stadt und das Leben lieben.

Im Gespräch mit

Katharina Schinkinger

COURAGIERTE GASTRONOMIN · VIERFACH-MAMA

Restaurant Habibi & Hawara · habibi.at

Wie ist die Idee zu Habibi & Hawara entstanden?

Ab einem bestimmten Punkt in meinem Leben wurden Gedanken um Zukunft, Nachhaltigkeit und Sinnhaftigkeit des eigenen Tuns immer lauter. 2015 haben wir im Rahmen der Fluchtbewegung durch den Syrien-Krieg die Initiative „Hosten statt Posten" gegründet. Sie hatte zum Ziel, Geflüchtete in die „Stadtflucht Bergmühle" im Weinviertel einzuladen, um sich von den Strapazen der Flucht und den Bedingungen in den Flüchtlingsunterkünften zu erholen. Im Rahmen dieser Aktion haben wir viele Menschen kennengelernt und auch deren Potenzial erkannt. Daraufhin ist die Idee entstanden, das Potenzial dieser Menschen auf einer professionellen Ebene zu fördern. Im Mai 2016 haben wir dann das *Habibi & Hawara* eröffnet. Mit unserem Restaurant wollen wir nicht nur Arbeitsplätze und Ausbildung vermitteln, sondern zukünftige UnternehmerInnen ausbilden. Im November 2019 eröffnen wir bereits unser zweites Restaurant im spannenden Wiener Nordbahnviertel.

Was macht die Stadt für dich so lebenswert?

Wien ist nicht umsonst die lebenswerteste Stadt in vielen Rankings. Wien hat alles, was eine lebendige und lebenswerte Großstadt braucht. Wien ist weltoffen, pluralistisch, grün, lebendig, bunt, laut und aufregend, still und erholsam. Mei Wien is einfoch ned deppad.

Welche Restaurants (außer eurem) magst du besonders gerne?

Ich wohne im 15. Bezirk in Wien, der einer der diversesten Bezirke ist. Dort gibt's den besten Thai der Stadt, wie ich finde, das *All Reis*. Auch in unmittelbarer Nachbarschaft dazu liegt das kürzlich eröffnete Fine Dining Restaurant *Herzig*. Sehr empfehlenswert! Zum Schnitzel essen geh ich ins *Skopik & Lohn*. Es gibt außer unseren KellnerInnen kaum charmantere in Wien als dort. Ein Geheimtipp ist das *Sternberg* im 22. Bezirk. Der Wirt ist sehr engagiert, der Gastgarten spitze und die Donau zum Reinspringen ganz nah.

Foto: Ingo Pertramer

Was empfiehlst du mit Kindern?
Die zahlreichen großartigen Museen, die Wien bietet. Toll sind das *Naturhistorische* oder das *Technische Museum* schon mit kleinen Kindern. Das Weltmuseum ist ebenfalls eine Empfehlung. Was man mit Kindern an einem Wochenende nicht auslassen sollte, ist der *Würschtlprater*. Zumindest eine Fahrt mit dem Riesenrad sollte sich ausgehen. Eine Wanderung in den Weinbergen in Grinzing und abschließend ein Besuch beim Heurigen sollten auch auf dem Plan stehen.

Wie wäre Wien als Mensch?
Eine weise Grande Dame mit durchaus Ecken und Kanten, wine interessante Persönlichkeit mit großer Vergangenheit, aber auch großer Zukunft. Manchmal grantelt sie. Sie ist direkt aber nie verletzend. Jemand mit der man gerne stundenlang im Kaffeehaus sitzt und zuhört.

Gibt es Cafés, in die du gerne gehst?
Ich mag die traditionellen Kaffeehäuser sehr gern, weil ich die grantelnden Oberkellner sehr schätze. Die Freundlichkeit muss man sich dort erst verdienen, z.B. im *Café Ritter* oder *Café Sperl*, beide im 6. Bezirk.

Welche besonderen Lieblingsorte hast du in Wien?
Ich liebe die alte Donau. Ich bin selbst in Oberösterreich an der Donau aufgewachsen und Wasser in der Stadt ist vor allem im Sommer großartig. Am liebsten bin ich in einem der Strandbäder oder aber im Heimatbezirk Rudolfscrime Fünfhaus. Direkt in akuter Nachbarschaft befindet sich das *Exil*, ein Beisl, wo man dann statt einem Seidl Bier (Tschechisches Bier) lieber mindestens drei trinkt. Mit meinen vier Kindern war ich auch sicher schon mehr als 317mal im *Prater*. Im grünen Prater in der Natur genauso wie im Würschtl-Prater auf der Hochschaubahn.

Welche Wiener Persönlichkeiten schätzt du besonders?
Ich entdecke grade wieder Stefan Zweig, dessen Bücher gerade in unseren Zeiten wieder sehr aktuell sind. Also viele historische Persönlichkeiten. Ansonsten gibt es so viele Wienerinnen und Wiener, die mich tagtäglich inspirieren. Vom freundlichen Trafikanten im 15. Bezirk bis zum Busfahrer der Wiener Linien im 1. Bezirk, der extra auf mich wartet. Engagierte Stadtpolitiker, die im täglichen Einsatz dafür sorgen, dass diese Stadt hoffentlich auch weiterhin so weltoffen und lebenswert bleibt.

Was macht dich glücklich?
Meine Familie macht mich glücklich. Und wenn ich dann noch meine Freundinnen und Freunde um mich hab, ich groß aufkoche und wir miteinander feiern, bin ich vermutlich auf unserer Terrasse im 15. Bezirk am glücklichsten – ich werde zunehmend spießig (*lacht). Außerdem natürlich meine fabelhaften Kolleginnen und Kollegen im *Habibi & Hawara*. An diesen beiden Orten in Wien halte ich mich ja auch am meisten auf.

Mit unseren Restaurants wollen wir nicht nur Arbeitsplätze und Ausbildung für Geflüchtete vermitteln, sondern zukünftige UnternehmerInnen ausbilden.

Fotos: Habibi & Hawara

Im Gespräch mit

Madeleine Alizadeh

AKTIVISTIN · UNTERNEHMERIN · AUTORIN
@dariadaria · dariadeh.com

Was sind deine Lieblingsorte in Wien?

Die Donauinsel mit den vielen „Stränden“, an denen man schwimmen, Rad fahren und spazieren gehen kann, der Donaukanal mit unzähligen Bars und den besten Graffitis der Stadt, die besten Eisdielen der Welt, wie *Veganista*, *Eisgreissler* oder *Schelato*, das gute, vegane Essen in Lokalen wie *Karma Food*, *Bao Bar*, viel Natur mit dem *Wienerwald* oder coolen Parks wie dem *Türkenschanzpark*, unzählige Bauernmärkte am Wochenende, wie zum Beispiel der *Karmelitermarkt*, mehr und mehr Boutiquen und Second-Hand-Läden wie das *WE BANDITS* oder *Burggasse 24*, die zahlreichen Radwege in der Stadt, die das Autofahren obsolet machen.

Woher kommt dein unbändiges Engagement für eine bessere Welt?

Jede/r sollte sich für eine Welt engagieren, in der er/sie selber leben möchte. Nichts Anderes tue ich. Ich möchte nicht auf Kosten von zukünftigen Generationen leben, das widerstrebt meinem Gerechtigkeitssinn.

Welchen Beitrag leistet das Reisen für dich?

Reisen ist einerseits ein Teil meines Jobs und andererseits bietet es mir die Möglichkeit, mit Menschen und Kulturen in Berührung zu kommen. Seitdem ich mehrheitlich mit dem Zug verreise, habe ich auch die entschleunigende Komponente des Reisens zu schätzen gelernt.

Du hast dein erstes Buch geschrieben, es trägt den Titel „Starkes weiches Herz". Wieso hast du gerade diesen Titel gewählt?

„Starkes weiches Herz“ soll ausdrücken, dass man als Mensch sowohl stark, als auch weich sein kann. Das ist kein Widerspruch. Man labelt Menschen gerne, steckt sie in Schubladen. Ein pazifistischer Yogi darf nie wütend sein und eine radikale Aktivistin wird oft als unsanft eingestuft – genau dagegen hält das Buch. Es ist ein Plädoyer dafür, alles und was man will sein zu dürfen, ganz ohne Etiketten.

Was sind die wichtigsten Einflüsse?

Den größten Einfluss hatte sicher meine Mutter, aber auch das Umfeld, in dem ich groß geworden bin. Ich hatte immer sehr starke Frauenvorbilder.

Foto: Maximilian Salzer

Im Gespräch mit

Klaus Mühlbauer

HUTMACHER · FAMILIEN-UNTERNEHMER
muehlbauer.at · @muehlbauer_hats

Wie bist du zur Hutmacherei gekommen?
Nach meinem Schulabschluss war ich mit der gewonnenen Freiheit zunächst überfordert. Deshalb entschied ich mich zum Naheliegenden: eine Ausbildung zum Hutmacher und Modisten im Traditionsbetrieb (gegründet 1903 durch Julianna Mühlbauer) meiner Eltern. Was mich überraschte: Es machte mir richtig Spaß. Mir wurde klar, was das Tolle an einem Handwerk ist, wie schön, wie besonders die Hutmacherei ist, wie sensibel man dabei vorgehen muss, denn man gestaltet für den Kopf, die sichtbarste Stelle des menschlichen Körpers. Und so entstand aus einer Verlegenheit eine Leidenschaft, die bis heute anhält. Ich versuchte auch viele andere Dinge, doch schlussendlich, als meine Eltern ans Aufhören dachten, erinnerte ich mich wieder an meine Lehrjahre und beschloss im Jahr 2000 das Familienunternehmen zu übernehmen.

Wien als Mensch wäre?
Wien ist schön, ist alt und jung, ist nah am Wasser gebaut, von widersprüchlichem Gemüt, so etwas wie ein lebensfroher Grantscherm (=schlecht gelaunter, grantiger Mensch).

Was sind deine Lieblingsorte in Wien?
Restaurants: *O Boufés*: Brot, Butter, Speck, Oliven und ein Glas Kalk und Kiesel (ungefilterter Bio-Weißwein; *Xpedit*: Pasta; *Rossini*: Pizza; *Café Ansari*: georgisch, fantastisch; *Mochi*: asiatisch; *Salzamt*: wienerisch, adriatisch · **Cafés:** *Eissalon* am Schwedenplatz für tollen Espresso; *Schweden Espresso* in Laurenzerberg ist meine Stammkneipe. · **Lieblingsorte:** Am *Ruprechtsplatz* sitzt man im ältesten Teil Wiens und schaut über den *Donaukanal* in den 2. Bezirk auf ein Stück modernes Wien. Weiterhin die *Gemäldegalerie* im *Kunsthistorischen Museum* ist ein schier endloses Erlebnis an visuellen Eindrücken, das mich jedes Mal wieder erstaunen lässt. Und natürlich meine *beiden Hutgeschäfte*, die für mich zu meinen Lieblingsplätzen gehören: *Seilergasse 10*, *Neubaugasse 34*.

Wo spürt man den Puls der Stadt am besten?
In der Straßenbahn.

Was macht dich glücklich?
Mit meiner Frau, meinen Kindern oder Freunden an warmen Tagen abends ausführlich in Schanigärten (Gastgärten) sitzen, essen, trinken und über das Leben reden.

Foto: Marion Luttenberger

Im Gespräch mit

Lilli Hollein

DESIGN-KURATORIN · KULTURLIEBHABERIN
viennadesignweek.at

Wie kam es zur Idee der VIENNA DESIGN WEEK?
Als ich vor 13 Jahren gemeinsam mit Tulga Beyerle und Thomas Geisler die VIENNA DESIGN WEEK gegründet habe, war der Gedanke einer, der bis heute das Festival charakterisiert: eine Plattform für internationales, vorwiegend europäisches Design zu sein, das experimentell ist. Wir zeigen Projekte, die kuratiert und auf spezielle Art und Weise mit dieser Stadt verwoben sind und für ein internationales (Fach-)Publikum gleichermaßen interessant sind wie für Locals. Ich habe davor schon mehrere Jahre als Kuratorin und Journalistin im Architektur- und Designbereich gearbeitet und es war mir ein Anliegen, in dieser Stadt etwas zu bewegen, vor allem zu einer Zeit, in der es im Designbereich sehr wenig gab.

Was bedeutet Wien für dich persönlich?
Ich bin dieser Stadt mit ganzem Herzen verbunden und entdecke sie immer wieder neu, wie eine beständige Liebe das eben kann. Wien ist langsam, aber trotzdem immer auch Avantgarde. Es ist in jeder Hinsicht lebenswert: schön, leistbar, aufgeladen mit Kultur.

Was ist dein Lieblingsviertel und warum?
Der 4. Bezirk ist mein Lebens- und Arbeitsmittelpunkt, an zwei sehr verschiedenen Ecken. Ich wohne gegenüber von einem barocken Schloss und gleichzeitig von einem riesigen Stadtentwicklungsgebiet. Aus meinem Büro schaue ich auf den *Naschmarkt*, die *Secession* und bin im Schleifmühlviertel, wo der Weg an zeitgenössischen Galerien und lustigen Lokalen vorbei nicht immer direkt nach Hause führt.

Wenn Wien ein Mensch wäre ...?
Melancholisch aber lebenslustig, bürgerlich aber mit Revolutionsgeist, gepflegt aber verrucht und leider manchmal zu begeisterungsfähig für die falsche Sache.

Was sind deine persönlichen Lieblingstipps für Wien?
Restaurants: sehr wienerische wie das *Gasthaus Wolf* oder den *Reinthaler* in der Gluckgasse 5. Und dann auch solche wie das vom tollen *Konstantin Filippou* oder von meinem Studienkollegen *Rätus Wetter* am Yppenplatz.
Cafés: *Café Engländer*, *Café Korb*, *Café Goldegg*, das *Prückel* und das *Café Ritter.*

Foto: Stefan Oláh

Sonstige Lieblingsorte:
Ich liebe Bootfahrten an der *Alten Donau* und Eislaufen am *WEV*. Ich nehme das Musik- und Theaterangebot in vollen Zügen in Anspruch, vom Abonnement bis zu Festivals. Ich finde auch die etablierten Häuser richtig gut. Ich mag die *Tanzwochen* und *Wien Modern*, die *Wiener Festwochen* und das *Riot Festival*, *Hyperrealities*, das *Akademietheater* und Oper am liebsten im Theater an der Wien. Die Museen sind Nahversorger, allen voran des *MumoK*, ich mag die Galerien von *Crone*, *Charim*, *Rauminhalt*, *Kargl*, *Meyer Keiner* bis *Krinzinger* und *Zeller Van Almsick*.
Schwimmen kann man im *Schönbrunnerbad*, im *Schafbergbad* mit Ausblick oder im *Kongressbad* mit Einblick in die Wiener Seele. Für alle schwimmenden Architekturliebhaber sei die *Stadthalle* empfohlen. Schwimmen finde ich im Übrigen ganz wichtig. Parks gibts für alle Bedürfnisse. Man muss nicht Fünfzehn sein um auf einer Bank im *Stadtpark* zu schmusen.

Gibt es Wiener Persönlichkeiten, die du besonders schätzt?
Oh, so viele: Allein heute sind mir aus unterschiedlichen Gründen folgende begegnet: Franz Schubert, Rosa Jochmann, Yung Hurn, Friederike Mayröcker.

Hast du ein Lieblingsausflugsziel in der Nähe?
Nichts ist wirklich weit entfernt, also Linz, Graz und Salzburg sind auch immer einen Besuch wert.

Wo spürt man den Puls der Stadt am besten?
Nah an einem goldenen Wienerherz ...

Die VIENNA DESIGN WEEK findet jedes Jahr in einer anderen Gegend von Wien statt. Warum so rastlos?
Wir haben jedes Jahr einen anderen Fokusbezirk in Wien und suchen uns dort eine Festivalzentrale, als eine Anlaufstelle des ansonsten ja auch quer durch die Stadt verteilten Festivals. Die Festivalzentralen sind meistens charakteristische, manchmal auch richtig spektakuläre Gebäude. Wir verspüren da auch einen gewissen architekturhistorischen Auftrag, heuer hatten wir einen gigantischen modernistischen Bau von Karl Schwanzer gekapert! Die wechselnden Gegenden und Locations erzeugen eine Erwartungshaltung und sowohl lokales als auch internationales Festivalspublikum entdeckt so andere Seiten der Stadt. Und da gibt es sehr unterschiedliche Ecken!

Was macht dich glücklich?
Wirklich glücklich macht mich das Strahlen meiner Tochter Ada, wenn sie etwas glücklich macht. Aber nachts in Wien an einem Würstelstand, beispielsweise dem von Stefan Sengl und Mike Lanner (*Wiener Würstelstand* in der Pfeilgasse), mit einer wilden Mischung von Leuten, da kann einem in der Stadt schon mal das Herz übergehen ...

Foto: Stefan Oláh

Im Gespräch mit

Peter Friese

GASTRONOM · UR-WIENER
kameel.at

Das Schwarze Kameel ist eine Institution in Wien, seit wann leitest du es?

Begonnen habe ich im Schwarzen Kameel während meiner Schulzeit – da gab es noch keinen Gläserspüler und wenn ich um 13.00 Uhr von der Schule kam, haben schon sehr viele Gläser auf mich gewartet. Während meiner Ausbildung im Hotel Bristol habe ich nebenbei viel im Delikatessengeschäft ausgeholfen und seit den späten 80er-Jahren leite ich das Schwarze Kameel. Unbedingt ausprobieren sollte man unsere Rotkrautsandwiches, den handgeschnittenen Beinschinken mit Kren und für mich das beste Wiener Schnitzel der Stadt.

Was bedeutet Wien für dich persönlich?

Das besondere an meiner Stadt ist die soziale Zusammenstellung. Wir haben eine große Mittelschicht und nur kleine Spitzen in die anderen Richtungen.

Was sind deine Empfehlungen für einen gelungenen Wien-Besuch?

Unser Lieblingsrestaurant *Kiang Wine & Dine* liegt im Servitenviertel, bei Joseph und Li Kiang zu essen ist für uns ein „home-away from home". Mein Lieblings-Kaffeehaus ist das *Café Prückel* am Ring. Es hat eine wunderschöne Architektur und Atmosphäre. Sollte ich einmal im Lotto gewinnen, würde ich es mir mit Freude kaufen. Samstags gehen wir immer gerne zum *Kutschkermarkt* oder zum *Karmelitermarkt*, das Obst und Gemüse für die ganze Woche einkaufen, und trinken in einer der vielen Kaffees unseren Espresso. Der *Prater* mit dem herrlichen *Schweizer Haus*, wo es das beste Bier und ein herrliches Hendel mit Salat gibt, und natürlich die *Alte Donau*, wo wir gerne mit dem Elektroboot fahren, gehören unbedingt zu einem Wien-Besuch. Im Winter gibt es mitten in der Stadt den Wiener Eislaufverein, mit Blick auf den Musikvereinssaal – für mich ganz einfach der schönste Eislaufplatz der Welt. Meine eigene Lieblingsbar habe ich gemeinsam mit dem Architekten Matteo Thun gestaltet und gerade eröffnet: die *Bar Campari*.

Gibt es Wiener Persönlichkeiten, die du besonders schätzt?

Ich schätze besonders meinen Freund Bernhard Paul für seinen Ideenreichtum. Er inspiriert mich nicht nur mit seiner steten Neuerfindung seines traditionellen Zirkus Roncalli, sondern zudem mit seiner Großzügigkeit, seinem Humor und seiner Freude an den schönen Dingen des Lebens.

Ich bin ein echter Wiener und Wien ist natürlich die schönste Stadt der Welt.

Glücklich macht mich meine tolle Familie. Die Zeit mit ihnen erfüllt mich mit unendlicher Freude und mit großer Dankbarkeit.

Foto: Peter Rigaud

Im Gespräch mit

Laura Karasinski

UNTERNEHMERIN · DESIGNERIN · SPEAKERIN
atelierkarasinski.com

Was bedeutet Wien für dich?
Wien bedeutet für mich Zuhause und Nest. Die besondere Gemütlichkeit und das beste Trinkwasser der Welt macht es hier besonders lebenswert.

Was ist dein Lieblingsviertel und warum?
Die Josefstadt ist mein Lieblingsbezirk, weil ich hier nicht nur lebe und arbeite, sondern weil es auch der kleinste Bezirk von Wien ist. Das gibt ihm Dorfcharakter und Gemütlichkeit. Neben vielen kleinen Läden, wie Blumengeschäften oder Architekturbüros, wohnen auch Familien und ältere Menschen hier. Die Josefstadt ist entschleunigt und trotzdem nur fünf Minuten vom lebendigen Grpßstadtleben entfernt.

Welche Restaurants magst du besonders gerne?
Mein aktuelles Lieblingsrestaurant ist *Nguyen's Pho House*, gleich um die Ecke: handgemachtes, authentisches Vietnamesisches Essen – frisches Gemüse, scharfe Soßen und glutenfrei für alle, die es wollen.

Gibt es für dich ein Lieblings-Café?
Das *Café Hold* ist ein kleines, bodenständiges Lokal, das noch selbst vom Chef geführt wird. Es erinnert an eine italienische Tagesbar und fühlt sich deswegen jedes Mal wie Kurzurlaub an. Zu empfehlen: ein kalter Campari Soda mit einem Schuss frisch gepresstem Zitronensaft!

Sonstige Herzensplätze von dir?
Ich liebe es in der *Glasfabrik* zu spazieren und mich von alten Möbeln inspirieren zu lassen, manchmal nehme ich auch etwas mit nach Hause. Bei gutem Wetter schwimme ich gerne mit Freunden in der Donau oder fahre mit meinem Rad in die *Pizza Mari*. Ab 2020 eröffnet mein erstes komplett durchdesigntes Hotel mit 185 Zimmern, Lobby und Rooftop-Restaurant namens *Superbude*. Ich hoffe, auch das wird ein neuer Hotspot für Wien.

Welche Wiener Persönlichkeiten inspirieren dich?
Etliche alte MeisterInnen, die ich zu meinem Glück kennenlernen durfte: Carl Auböck in der letzten Messing-Werkstätte direkt in Wien, André Heller mit seiner atemberaubenden Kunstsammlung, Ikone Susanne Widl vom *Café Korb*, die macht, was sie will, Familie Lobmeyr und ihre Kunst, mit Licht die Welt zu erhellen, die Werkstätten von Kohlmaier in der Neubaugasse.

Foto: Philipp Jelenska

Im Gespräch mit

Nuriel Molcho

KREATIVE SEELE · UNTERNEHMER

neni.at · nomade-moderne.com · @neni_food

Es gibt mittlerweile zehn Neni Restaurants, wie hat das erste Restaurant 2009 am Naschmarkt in Wien seinen Anfang gefunden?
Das Neni am Naschmarkt war zunächst ein Leidenschaftsprojekt meiner Mutter. Sie war viele Jahre Vollzeit-Mama von uns vier Jungs und als der jüngste 15 Jahre alt war, hat sie aus Liebe fürs Kochen und für große Feste ein eigenes Catering-Unternehmen eröffnet. Einige Jahre später, ich war damals 22 Jahre alt und gerade fertig mit dem Studium, rief sie mich an: „Nuriel, ich würde gern ein Restaurant eröffnen, aber nur wenn du mitmachst!" Ich wohnte zu der Zeit in London, doch kurz darauf saßen wir mit der ganzen Familie in Wien zusammen und skizzierten unser ideales Restaurant. Das war 2009.

Wie ist es, als Großfamilie ein gemeinsames Unternehmen zu führen?
Für uns vier Brüder war es nie der Plan, eines Tages beruflich etwas gemeinsam zu unternehmen. Wir lieben uns sehr, doch sind wir alle sehr unterschiedlich. Es war für uns alle sehr wichtig, zunächst eigene Wege zu gehen und jeweils vier Jahre außer Haus zu sein. Ich studierte Wirtschaft in London und Barcelona, Elior studierte Eventmanagement in Baden-Baden und Ilan beendete später seine Karriere als Schauspieler, um im Familienunternehmen anzufangen. Meine Mutter kreiert heute die Rezepte, Elior kümmert sich um die Betriebe in Wien und neue potenzielle Restaurants, Ilan organisiert die Produktion und die Lieferanten und ich mache das Marketing – dazu kommt natürlich unser Team von 150 festen Mitarbeitern! Gemeinsam das Unternehmen zu führen besitzt den großen Vorteil, dass wir uns in unserer Vision gegenseitig bestärken können. Wir lieben, loben und hypen uns alle gegenseitig! Das stärkt uns und wenn du mal einen schlechten Tag hast, dann kommt ein anderer und holt dich wieder hoch. Bis vor Kurzem lebten wir sogar alle in Wien, Nadiv ist nun aber für die Schauspielerei temporär nach Los Angeles gezogen.

Deine Eltern Haya und Samy haben spannende Biografien, wie war ihr Werdegang?
Meine Eltern sind beide in Tel Aviv aufgewachsen, haben sich jedoch in Bremen kennengelernt. Mein Vater war weltbekannter Pantomime und ging gemeinsam mit Haya für sieben Jahre auf Welttournee. Als meine Mutter dann mit mir schwanger wurde, beendete Samy von einem Tag auf den anderen seine Künstler-Karriere. Er wollte nicht, dass ich wie ein Reisekoffer durch

Ich liebe es, die Stadt als Fotograf zu erkunden.

Foto: @nurielmolcho

die Welt getragen werde, sondern dass ich ein festes Zuhause bekomme. Er hat sich dann statt der Pantomime viel mit Körpersprache beschäftigt und erhielt auf dem Gebiet einen Lehrstuhl am Max Reinhardt Seminar in Wien, wodurch er viel Zeit für unsere Familie zur Verfügung hatte.

Meine Mutter hatte einen ganz anderen familiären Hintergrund. Ihr Vater war gebürtiger Rumäne und ein sehr erfolgreicher Zahnarzt. Tatsächlich hat er, Benedict Heinrich, die Zahnimplantologie erfunden. Gleichzeitig war er spielsüchtig und so kam es, dass Haya als Kind zunächst von Luxusautos und großen Häusern umgeben war, um dann wieder alles zu verlieren. Sie zogen nach Bukarest, um dort eine neue Praxis und ein neues Leben aufzubauen. Im Alter von zwölf Jahren wurde Haya zu ihren Cousins nach Tel Aviv geschickt, weil ihr Vater es finanziell nicht mehr stemmen konnte. Er starb mit etwa 70 Jahren hoch verschuldet, aber glücklich. In Folge dieser Erfahrung war meine Mutter immer sehr risikofreudig. Sie hat geschlussfolgert, dass, wenn es mal schlecht geht, auch immer wieder gute Zeiten folgen würden. Und sie sollte bis heute Recht behalten.

Du hast gemeinsam mit deiner Frau die eigene Hutmacherei „Nomade Moderne", wie kam es dazu?

Ich wollte mir einen coolen Hut kaufen, hatte dafür auch konkrete Vorstellungen, habe den jedoch nirgends bekommen. Eine Maßanfertigung hätte etwa 2.000 EUR gekostet, da habe ich mich kurzerhand entschlossen ihn selbst herzustellen. Mit viel Mühe habe ich dann meinen ersten Hut gefertigt und trage ihn mit Stolz, etwas schräg, aber super cool! Meine Frau war zunächst skeptisch. Als sie jedoch merkte, dass es mir ernst war eine eigene Hutmacherei zu etablieren, hat sie mich voll unterstützt. Da sie das Nähen bereits als Kind von ihrer Oma gelernt hat, arbeiten wir nun bereits seit zwei Jahren als Team an den maßgeschneiderten Hüten, die mittlerweile mega stylisch geworden sind! Der Pauschalpreis liegt bei 400 EUR.

Was sind deine Lieblingsorte in Wien?

Ich liebe es die Stadt als Fotograf zu erkunden. Dazu recherchiere ich auf Instagram und kontaktiere Fotografen, die ganz andere Perspektiven auf die Stadt haben, also beispielsweise Porträt- oder Architektur-Fotografen. Mein Highlight ist der Sonnenaufgang in der Innenstadt. Da gibt es nur eine kurze magische Zeit, in der die Stadt noch schläft, es keine Touristen und keinen Lieferverkehr gibt. Der *Naschmarkt* eignet sich wie kein anderer Ort für Porträtfotografie, weil man dort auf die unglaublichsten Charaktere trifft! Zudem gibt es hier den auch unter Ur-Wienern beliebten und coolsten Flohmarkt.

Restaurants: natürlich unser *Neni* am Naschmarkt! Cafés: Den besten Kaffee der Stadt findet ihr im *Balthasar*. Bars: *Loos Bar* und *Roberto* (für den Espresso Martini). Shops: *Eigensinnig* für avantgardistische Mode. Spaziergang: von der Praterstraße entlang des *Donaukanals*.

Foto: @nurielmolcho

Im Gespräch mit

Lena Hoschek

MODEDESIGNERIN
@lenahoschek · lenahoschek.com

Seit wann begeisterst du dich für Mode und wie ist deine eigene Marke entstanden?
Meine Begeisterung für Mode hat sich schon sehr früh gezeigt. Ich kann mich erinnern, dass ich als Kleinkind schon aus Socken „Kollektionen" für meine Puppen entworfen habe. Mein erstes Dirndl habe ich dann gemeinsam mit meiner Oma genäht, als ich 13 war. Nach meinem Abschluss an der Modeschule war ich kurze Zeit bei Vivienne Westwood in London, um kurz darauf mein Label in Graz zu gründen.

Wenn Wien ein Mensch wäre …?
Wien ist der Großvater, den jeder gerne hätte. Ein Großvater, der es liebt Geschichten von früher zu erzählen, aber immer offen für Neues und auch kulinarisch interessiert ist.

Welches ist dein Lieblingsviertel?
Der Spittelberg, denn dort habe ich meinen ersten Laden in Wien eröffnet. Am Spittelberg gibt es ganz süße Kopfsteinpflaster-Gässchen und alte Biedermeierhäuser – so wie Wien früher einmal war. Die Gegend gilt mittlerweile aber als relativ hip, vor allem auch für junge Familien gibt es dort viele coole Kinderläden – der Prenzlauer Berg von Wien sozusagen.

Welche Restaurants magst du besonders gerne?
Ich liebe die alten Wiener Wirtshäuser und davon gibt es ja zum Glück noch sehr viele! Auf der anderen Seite gehe ich aber auch immer gerne zum *Naschmarkt* oder mit meinem Sohn in den *Park Schönbrunn* zu *Landtmann's Jausen-Station*.

Gibt es Wiener Persönlichkeiten, die du besonders schätzt?
All jene, die schöne Handwerkstradition weiterführen, wie zum Beispiel *Ludwig Reiter Schuhe*, die *Mühlbauer Hüte* und auch *Nicolas Venturini*, der die Hemdentradition seines Großvaters im 1. Bezirk weiterführt und mit dem ich mal eine Kooperation machen durfte.

Wo spürt man den Puls der Stadt?
Wien hat verschiedene Pulse. Einerseits den jungen hippen mit einer Szene für Elektro-Musik, Festivals und Food. Andererseits weltweit führend für klassische Musik. Sie feiert diese Kultur mit den vielfältigsten Bällen. Zudem gibt es auch noch die Viennale – das Filmfestival und natürlich den Bezirk Grinzing: Egal was sich in Wien so tut, diese Gegend lässt das kalt. In den Weinbergen kann man den Wiener Ruhepuls spüren.

Foto: Lupi Spuma

Im Gespräch mit

Ema Kaiser

KUNSTBERATERIN · KULTURMANAGERIN
emakaiser.com

Bitte erzähl uns von deiner Arbeit?
Ich wurde 2001 mit erst 18 Jahren für eine Performance von Vanessa Beecroft gebucht. Ich war sofort von dieser verrückten, inspirierenden und freidenkenden Welt der zeitgenössischen Kunst begeistert. Seitdem habe ich immer für und mit KünstlerInnen gearbeitet, verschiedene Engagements führten mich von Miami bis nach Singapur, zu Institutionen wie Parallel Vienna, St. Moritz Art Masters, TBA21, Art Basel Miami oder Studio Olafur Eliasson. Als Kunstmanagerin entdecke ich neue Talente und setze mich dabei besonders für Künstlerinnen ein.

Was bedeutet Wien für dich persönlich?
Wien ist meine Heimat geworden. Ich wurde mit offenen Armen empfangen und dafür werde ich immer dankbar sein. Besonders lebenswert wird Wien durch die Gegensätze: der Mix aus einer Kulturhauptstadt der Klassik und einer extrem wilden, visionären und jungen Kunstszene.

Was ist dein Lieblingsviertel?
Ich wohne im ersten Bezirk und dies aus reiner Überzeugung. Es ist wunderschön hier, ich erledige alles zu Fuß, es gibt viele Museen und Galerien, schicke Touristen und eine tolle Atmosphäre.

Was sind deine Lieblingsempfehlungen?
Restaurants: Im *Skopik & Lohn* gibt es das beste Schnitzel. Authentisches asiatisches Essen findet ihr im *All Reis*. Das *Schwarze Kameel* hat die leckersten Brötchen. **Cafés:** Im *Xeno* versammelt sich die Kunstszene Wiens. **Kunst & Kultur:** *Galerie Hilger*, *Galerie Konzett*, *Galerie Krinzinger* und von den jungen sind es *FouFou Contemporary*, *Sophie Tappeiner*, *das weisse haus*. Das *Looshaus* am Michaelerplatz ist ein architektonisches Juwel. Wenn man ins Museum möchte, dann am besten ins *Kunstforum*. **Ausgehen:** Die *Roberto Bar* ist ein Muss! **Shops:** Am liebsten bei *Art Point* in der Neubaugasse. **Hotels:** Das *Ruby Lissi Hotel* liegt sehr zentral, ist hip und hat ein super Preis-Leistungs-Verhältnis.

Wiener Persönlichkeiten, die du schätzt?
Ja klar, Nicole Adler. Sie ist die eleganteste Frau der Stadt mit einer unglaublichen Energie und einem beeindruckenden Lebensweg. Fahim Amir, Autor und Philosoph, dem ich stundenlang zuhören kann und der mir ganz neue Ideen und Ansichten vermittelt.

Foto: Xandra Linsin (vor einem Kunstwerk von Martin Grandits)

Im Gespräch mit

Alexandra Winkler

SACHER-CHEFIN

sacher.com · @sacherhotels

Wann haben Sie die Traditionsmarke Sacher übernommen?

Wir, also die „Next Generation", haben die Führung der Hotels 2014 übernommen und sind seither hochaktiv in den Sacher-Hotels, unseren Cafés und Restaurants sowie natürlich auch bei der Manufaktur der Original Sacher-Torte, deren Rezept aus 1832 noch immer gilt und noch immer geheim ist.

Was ist Ihr Lieblingsgericht im Sacher?

Ganz klar die Original Sacher-Torte mit Sahne oder wie es in Wien heißt: mit Schlagobers.

Was bedeutet Wien für Sie persönlich?

Wien ist mein Zuhause – Wien ist eine sichere und saubere Stadt mit Kultur von damals und heute, vom Kaiserreich bis zur Moderne. Wien ist international und offen, dabei nicht zu groß und wird immer ökologischer. Für unsere Gemütlichkeit sind wir berühmt, ebenso wie für das dazugehörige Essen und Trinken, Wien ist eine Genuss-Stadt für alle Sinne.

Wenn Wien ein Mensch wäre, wie würden Sie ihn/ sie beschreiben?

Weiblich, fröhlich, witzig und charmant, gebildet und hübsch anzusehen.

Was ist Ihr Lieblingsviertel?

Wien hat 23 Bezirke und noch viel mehr Viertel, alle sind sehens- und erlebenswert, je nach persönlicher Vorliebe und Geschmack. Weinberge im 19. Bezirk, die Donauinsel zum Baden und Sporteln, Museen im 1. Bezirk, In-Lokale im 7. Bezirk, und noch vieles mehr.

Welche Restaurants mögen Sie besonders gerne?

Was die österreichische Küche betrifft, selbstverständlich das Restaurant *Rote Bar* im *Hotel Sacher Wien*, italienische Küche esse ich gerne im Restaurant *Fabios* und ich bin auch ein Fan von asiatischer Küche – diese genießt man in toller Qualität im Restaurant *Shiki* oder im *Mochi*. Mit meiner Familie gehe ich aber auch gerne zu den vielen Heurigen.

Welche sonstigen Herzensplätze haben Sie in Wien und Umgebung?

Den *Stephansdom* mit dem ihn umgebenden Stephansplatz, die Terrasse des *Albertina Museums* und den *Burggarten*, enge Gassen wie die *Bräunerstraße* mit *Scheers Schuhgeschäft*. Gerne auch der *Hermannskogel* und die *Jubiläumswarte* mitten im Wienerwald.

Foto: Hotel Sacher

Im Gespräch mit

Sophie Pollak

MODE-KURATORIN
webandits.eu · @webandits

Woher kommt deine Leidenschaft?
Mode ist ein wesentlicher Teil unseres Selbstausdruckes und eine wunderbare Form der Kunst. Nach meinem Studium in Wien ging es erst nach Paris und später nach Brüssel. Auf einer längeren Reise durch Asien bin ich auf die koreanische Modeszene aufmerksam geworden und war beeindruckt von den dortigen Designern. Und beschloss einen Store zu eröffnen, dessen Schwerpunkt auf koreanischer Mode liegt. Ich liebe es bis heute und freue mich jede Saison über das dortige Talent, den Mut zu Farbe und den Humor.

Wenn Wien ein Mensch wäre ...?
Sie ist nicht allzu gebildet und ein bisserl aus der Zeit gefallen, aber nie ganz daneben und vor allem hübsch anzusehen. Sie ist entspannt über alle Maßen und charmant grantig, während sie in der Vergangenheit schwelgt. Sie ist nicht sonderlich ambitioniert, aber glänzen will sie schon – ein bisserl Rampenlicht ist der gnädigen Frau nie unangenehm. Qualtinger hat es schön wienerisch auf den Punkt gebracht: „A zehnmal kochtes Burenheidl auf des i ned hass bin und trotzdem steh" ... gemeint ist wohl diese Ambivalenz – man liebt die Stadt und verzweifelt an ihren anachronistischen Ansichten und Weigerung etwas zu verändern.

Wenn gute Freunde auf Besuch kommen, was zeigst du ihnen?
Den *Karmelitermarkt* am Samstag, einen schönen Heurigen, meine Lieblingsläden *PARK* und *SONG*, das *KHM* und die *Albertina*, die *Sammlung Leopold* und das *Weltmuseum*, viele fantastische Restaurants wie das *O Boufés*, *Mochi*, *Kushimbo* und die *Herknerin*, einen Abend im *Miznon*, *das X*, *Kino wie noch nie*, die Bar *Frau Bernhard*, den *Musikverein*, wenn die Philharmoniker spielen, und das *Burgtheater* ... Ich hoffe, sie bleiben eine Weile, denn der *Schlosspark Laxenburg* ist auch ein super Ausflugsziel: ein wunderschöner, wilder Garten für ausgedehnte Spaziergänge – ich liebe diesen Park!

Gibt es Wiener Persönlichkeiten, die dich besonders inspirieren?
Simon Jacko als Feinkoch, weil er es so leicht macht, die eigene Ernährung spannend und abwechslungsreich zu gestalten. Madeleine Alizadeh von DariaDaria, weil sie uns alle zu besseren Menschen macht. Lore Sander von *HABARI*, weil sie mit ihrem Enthusiasmus für Design und starke Inhalte beispielgebend ist. Marvin Mangalino vom *Hotel am Brillantengrund*, weil er eine großartige Gemeinschaft gestaltet.

Im Sommer gibt es so viele Möglichkeiten, sich auf einen zweistündigen Miniurlaub zu begeben: die alte Donau, die Heurigen, die Museen und der Prater …

Foto: Daniel Dekoekkoek

Im Gespräch mit

Renate Mitschko

UR-WIENERIN · SPIRITUELLER FREIGEIST

Seit wann lebst du hier?
Ich bin in Wien geboren und im 20. Bezirk, namens Brigittenau aufgewachsen. Damals gab es noch den guten alten „Greisler“, zumeist ein kleines Geschäft, wo du von der Milch über die Nähseide bis hin zum Waschmittel so ziemlich alles einkaufen und noch „anschreiben“ lassen konntest.

Welche Cafés magst du?
Ein Frühstück bei *Pöhl & Mayr* am Kutschkermarkt ist ein besonderes Vergnügen! Mein Lieblingsfrühstück dort: Wien – Kutschkermarkt oder Stockholm – Saluhallen! Das *Café Diglas* in der Innenstadt. Da liebe ich den Spinat mit Rösterdäpfeln und Spiegelei. Dazu einen Karotten/Apfelsaft. Danach diverse Torten aus der hervorragenden Tortenvitrine. Das *Café Museum* Nähe Karlsplatz. Und dann wäre noch das *Mario* in Hietzing, mit einem hervorragenden Frühstücksangebot. Das *Café Oberlaa* in Hietzing – da liebe ich das tolle Tortenangebot und den Mittagstisch.

Deine besonderen Lieblingsorte?
Ich mag am liebsten die Innere Stadt, mit ihren engen Gassen, welche noch an das alte Wien erinnern. Unsere prachtvollen Sehenswürdigkeiten – speziell den *Stephansdom*! Das „alte“, vornehme *Hietzing*! Auf dem *Naschmarkt* mag ich das bunt gemischte Publikum, welches Obst, Gemüse oder diverse Köstlichkeiten aus allen Ländern einkauft. Das *Kunsthistorische* und *Naturhistorische Museum*. *Schönbrunn* mit den herrlich angelegten Blumenbeeten, Schloss, und Gloriette! Der *Tiergarten Schönbrunn*, der *Kutschkermarkt*, weil er für mich Urbanes und gleichzeitig Ländliches repräsentiert. Die *Steinhofgründe* bieten einen herrlichen Ausblick bis zum *Lainzer Tiergarten* – für mich ein sehr spiritueller Ort. Fürs Grüne gehts in den *Wienerwald*, *Kahlenberg*, *Cobenzl*.

Wo bist du gerne mit deinen damals kleinen Kindern hingegangen?
In die Natur. Dabei spielte die Hauptallee im *Wiener Prater* eine große Rolle. Das war schon fast wie unser zweites Zuhause. Bei Regenwetter ins *Technische Museum*, *Naturhistorische Museum* oder ins *ZOOM Kindermuseum*.

Wo in Wien bist du glücklich?
Überall dort, wo Liebe spürbar ist. Mit meinen Söhnen und lieben Freunden auf den Steinhofgründen, im Lainzer Tiergarten und in meinem Zuhause.

Wien ist eine Genussstadt.
Ich liebe die einzigartige Wiener Kaffeehauskultur mit ihrem Angebot an traditionellen Mehlspeisen und das gute alte Beisl, wo noch Hausmannskost großgeschrieben wird.

Foto: NECTAR & PULSE

4. Kultur

Bezeichnenderweise hat Wien seine stadtgeschichtlichen Ursprünge vermutlich in einem Wirtschaftshof zum Weinanbau aus dem 13. Jh., dem historischen Wiener Berghof. Es gibt auch archäologische Funde, die die römische Vorgeschichte als Militärlager zwischen dem 1. und 5. Jh. bezeugen, doch die Wiener Kultur lässt sich treffender mit den Assoziationen zum Weinanbau beschreiben: gehobener Genuss, Dekadenz und gleichzeitige Bodenständigkeit. Der berühmt-berüchtigte Wiener Grant kommt hier erst deutlich später mit den Habsburgern hinzu, als Wien 1804 kaiserliche Reichshaupt- und Residenzstadt wurde. Damit begann der rasante kulturelle und wirtschaftliche Aufstieg der Stadt. So wurde ebenfalls zu Beginn des 19. Jh. die berühmte Sammlung der Albertina durch Herzog Albert und seine vermögende Frau Erzherzogin Marie Christine begründet. Zudem fand die Wiener Klassik mit ihren drei großen Meistern Wolfgang Amadeus Mozart, Ludwig van Beethoven und Joseph Haydn in dieser Epoche ihren Höhepunkt, ein Wendepunkt in der kulturellen und politischen Geschichte Wiens. Die damalige meisterliche Kunst wird heute in ganz neuer Form weitergeführt, so gibt es eine „coole, junge, visionäre und wilde Kunstszene" (Ema Kaiser, Kunstkuratorin) zu entdecken. Auf den folgenden Seiten zeigen wir unsere Lieblingstipps zu Museen, Architektur, Galerien, Theater und Musik.

ZENTRUM

1. Stephansdom
1. BEZIRK • *Stephansplatz 3*

2. Kunsthistorisches Museum
1. BEZIRK • *Maria-Theresien-Platz*

3. Naturhistorisches Museum
1. BEZIRK • *Maria-Theresien-Platz*

4. Albertina
1. BEZIRK • *Albertinaplatz 1*

5. Secession
1. BEZIRK • *Friedrichstraße 12*

6. Hofburg
1. BEZIRK • *Michaelerkuppel*

7. Österreichische Postsparkasse
1. BEZIRK • *Georg-Coch-Platz 2*

8. Justizpalast
1. BEZIRK • *Schmerlingplatz 10–11*

9. Looshaus
1. BEZIRK • *Michaelerplatz 3*

10. WU Campus
2. BEZIRK • *Welthandelsplatz 1*

11. Theatermuseum
1. BEZIRK • *Lobkowitzplatz 2*

12. Judenplatz
1. BEZIRK • *Judenplatz*

OSTEN

13. Kirche Franz von Assisi
2. BEZIRK • *Mexikoplatz 12*

14. Donaukanal
2. BEZIRK

15. Prater
2. BEZIRK • *Prater*

16. Donauinsel
22. BEZIRK • *Donauinsel*

K

SÜDEN	WESTEN	FERNWESTEN
17. Hundertwasserhaus **3. BEZIRK** • *Kegelgasse 36–38*	22. Haydnhaus **6. BEZIRK** • *Haydngasse 19*	28. Schönbrunner Schlosspark **13. BEZIRK** • *Schönbrunner Schloßstraße 47*
18. Wittgenstein-Haus **3. BEZIRK** • *Parkgasse 18*	23. Museumsquartier **7. BEZIRK** • *Museumsplatz 1*	29. Otto Wagner Hofpavillion Hietzing **13. BEZIRK** • *Schönbrunner Schloßstraße*
19. Schloss Belvedere **3. BEZIRK** • *Prinz-Eugen-Straße 27*	24. Museum Leopold **7. BEZIRK** • *Museumsplatz 1*	30. Kirche am Steinhof **14. BEZIRK** • *Baumgartner Höhe 1*
20. Karlskirche **4. BEZIRK** • *Kreuzherrengasse 1*	25. Zoom Kindermuseum **7. BEZIRK** • *Museumsplatz 1*	31. Ernst Fuchs-Museum **14. BEZIRK** • *Hüttelbergstraße 26*
21. Third Man Museum **4. BEZIRK** • *Preßgasse 25*	26. Hofmobiliendepot **7. BEZIRK** • *Andreasgasse 7*	
	27. WestLicht. Schauplatz für Fotografie **7. BEZIRK** • *Westbahnstraße 40*	

Kunst

Wien, das ist die barocke Üppigkeit der Habsburger, der wegbereitende Mut der Wiener Secession, der unermüdliche Ehrgeiz der Wiener Werkstätte, die Verspieltheit der Jugendstil- und Klarheit der Art Deco-Bewegung und das Vermächtnis von Jahrhundertkünstlern wie Egon Schiele und Gustav Klimt. Dazwischen reiht sich eine österreichische Avantgarde, die über die Landesgrenzen hinaus tiefe Spuren hinterlassen hat – von Maria Lassnig über Arnulf Rainer und Vertreter des radikalen Wiener Aktionismus, wie Gunter Brus. Dazu gesellen sich verteilt auf über 100 Museen und Galerien in der ganzen Stadt Werke von Andy Warhol, Pablo Picasso und Gerhard Richter. Wer nicht weiß, wo er anfangen soll, der beginnt im Museumsquartier, das mit 90.000 Quadratmeter eines der weltweit größten Kulturareale ist.

32. BANK AUSTRIA KUNSTFORUM
1. BEZIRK • *Freyung 8*

33. CHARIM GALERIE
1. BEZIRK • *Dorotheergasse 12*

34. GALERIE CRONE
1. BEZIRK • *Getreidemarkt 14*

35. GALERIE ERNST HILGER
1. BEZIRK • *Dorotheergasse 5*

36. GALERIE KONZETT
1. BEZIRK • *Spiegelgasse 21*

37. GALERIE KRINZINGER
1. BEZIRK • *Seilerstätte 16*

38. GALERIE MEYER KAINER
1. BEZIRK • *Eschenbachgasse 9*

39. GALERIE ZELLER VAN ALMSICK
1. BEZIRK • *Franz-Josefs-Kai 3/16*

40. DAS WEISSE HAUS
1. BEZIRK • *Hegelgasse 14*

41. SOPHIE TAPPEINER
1. BEZIRK • *An der Hülben 3*

42. CHRISTINE KÖNIG GALERIE
4. BEZIRK • *Schleifmühlgasse 1 A*

43. GEORG KARGL FINE ARTS
4. BEZIRK • *Schleifmühlgasse 5*

44. RAUMINHALT
4. BEZIRK • *Schleifmühlgasse 13*

45. OSTLICHT
10. BEZIRK • *Absberggasse 27*

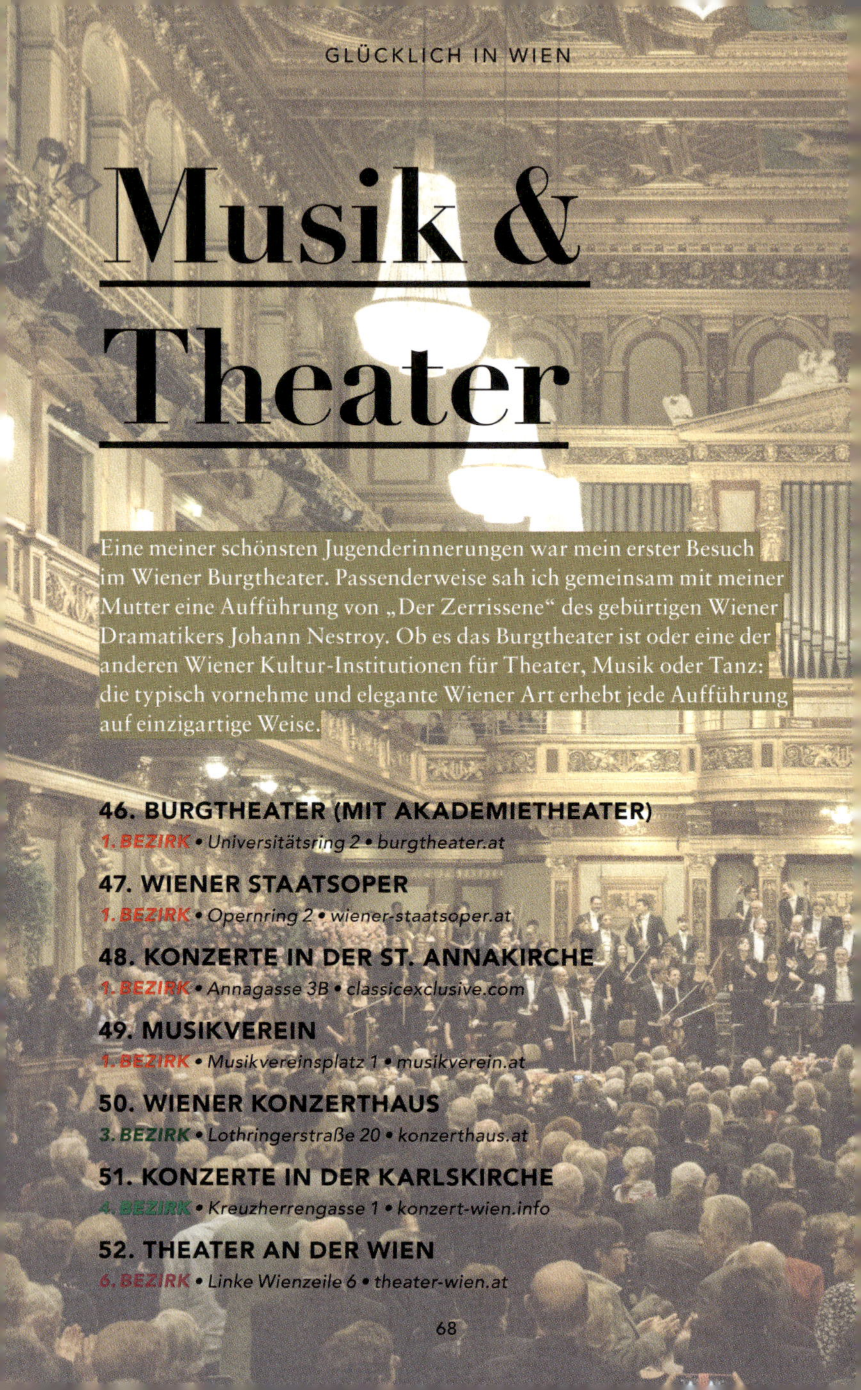

Musik & Theater

Eine meiner schönsten Jugenderinnerungen war mein erster Besuch im Wiener Burgtheater. Passenderweise sah ich gemeinsam mit meiner Mutter eine Aufführung von „Der Zerrissene" des gebürtigen Wiener Dramatikers Johann Nestroy. Ob es das Burgtheater ist oder eine der anderen Wiener Kultur-Institutionen für Theater, Musik oder Tanz: die typisch vornehme und elegante Wiener Art erhebt jede Aufführung auf einzigartige Weise.

46. BURGTHEATER (MIT AKADEMIETHEATER)
1. BEZIRK • Universitätsring 2 • burgtheater.at

47. WIENER STAATSOPER
1. BEZIRK • Opernring 2 • wiener-staatsoper.at

48. KONZERTE IN DER ST. ANNAKIRCHE
1. BEZIRK • Annagasse 3B • classicexclusive.com

49. MUSIKVEREIN
1. BEZIRK • Musikvereinsplatz 1 • musikverein.at

50. WIENER KONZERTHAUS
3. BEZIRK • Lothringerstraße 20 • konzerthaus.at

51. KONZERTE IN DER KARLSKIRCHE
4. BEZIRK • Kreuzherrengasse 1 • konzert-wien.info

52. THEATER AN DER WIEN
6. BEZIRK • Linke Wienzeile 6 • theater-wien.at

53. LITERATURHAUS

7. BEZIRK • Seidengasse 13 • literaturhaus.at

54. TANZQUARTIER

7. BEZIRK • Museumsplatz 1 • tqw.at

55. VOLKSOPER

9. BEZIRK • Währinger Straße 78 • volksoper.at

56. SCHAUSPIELHAUS

9. BEZIRK • Porzellangasse 19 • schauspielhaus.at

EIN MUSS:

Eine Fahrt mit der Tram entlang des Rings

MALERISCHER ORT MIT KOPFSTEINPFLASTER:

Sankt-Ulrichs-Platz, 7. Bezrik, Café Morgenstern

1.

ALBERTINA
MONET BIS
PICASSO
DIE SAMMLUNG BATLINER

4.

4.

Die Zukunft war früher auch besse
Karl Valentin

4.

2./3.

1. STEPHANSDOM

1. BEZIRK • Stephansplatz 3
stephanskirche.at

Der Wiener Stephansdom wird von den Wienern liebevoll „Steffl“ oder die „Stimme Österreichs“ genannt. Mit Letzterem ist die 21.383 Kilo schwere Pummerin im Nordturm gemeint – Österreichs größte und gewichtigste Kirchenglocke. Der tiefe Schlagton (dem die Glocke auch ihren Namen verdankt) erklingt ausschließlich an besonderen katholischen Festtagen und zum Jahreswechsel, den sie verlässlich dank der ORF Live-Übertragung jedes Jahr für ganz Österreich einläutet.

2. KUNSTHISTORISCHES MUSEUM

1. BEZIRK • Maria-Theresien-Platz
khm.at

Die Habsburger Sammelleidenschaft nahm irgendwann solche Ausmaße an, dass 1872 der Palast der Künste – das heutige Kunsthistorische Museum – erbaut wurde, um alles sicher lagern zu können. Der im Stil der italienischen Renaissance errichtete Bau mit den überhöhten, sakral anmutenden Räumlichkeiten beherbergt bis heute beachtliche Objekte aus dem alten Ägypten, der Antike, dem Mittelalter und der Neuzeit.

3. NATURHISTORISCHES MUSEUM

1. BEZIRK • Maria-Theresien-Platz
nhm-wien.ac.at

Es ist das Lieblingsmuseum meiner Kinder. Warum? Ganz klar, wegen der originalgroßen Saurierskelette. Genial für Jung und Alt sind die Filme im digitalen Planetarium. Das Museum beherbergt einzigartige Exponate, wie die 29.500 Jahre alte winzig kleine Venus von Willendorf, aber auch die weltweit größte und älteste Meteoritensammlung. Geheimtipp: der Blick vom Dach auf die Wiener Innenstadt und den wunderschönen Vorplatz mit dem Denkmal von Kaiserin Maria Theresia und ihren wichtigsten Beratern.

4. ALBERTINA

1. BEZIRK • Albertinaplatz 1
albertina.at

Schon von Weitem fällt einem das nachträglich ergänzte, 64 Meter lange Vordach – der sogenannte „Soravia Wing“ – über das die Meinungen der Wiener noch immer auseinandergehen, ins Auge. Dabei steht der monumentale Aluminiumflügel sinnbildlich für die Verbindung von Tradition und Moderne, die sich im Inneren in Form von Wiens bedeutendster Kunstsammlung fortsetzt. Eine Sammlung, die sage und schreibe über eine Million Werke zählt.

8.

5.

5.

6.

6.

5. SECESSION

1. BEZIRK • Friedrichstraße 12
secession.at

„Der Zeit ihre Kunst. Der Kunst ihre Freiheit", steht da in goldenen Lettern. Der weiße Prachtbau mit der goldenen Blattwerk-Kuppel ist ein architektonisches Juwel und Sinnbild der Wiener Avantgarde. Für Interessierte bietet das um die Jahrhundertwende von Joseph Olbrich erbaute Haus wechselnde Ausstellungen zeitgenössischer KünstlerInnen. Highlight ist das „Beethovenfries" im Untergeschoss, eine Darstellung von Beethovens 9. Symphonie, gemalt von Gustav Klimt, der auch Gründungspräsident der Wiener Secession war.

6. HOFBURG

1. BEZIRK • Michaelerkuppel
hofburg-wien.at

Wer nach Wien kommt, der kann nicht umhin, die Hofburg zu besuchen. Als Residenz der Habsburger war die Hofburg zwischen dem 13. Jh. und bis zum Ersten Weltkrieg das Zentrum Europas. Die Hofburg wurde über die Jahrhunderte durch jeden Herrscher im jeweils zeitgenössischen Stil erweitert. Ihre insgesamt 18 verschiedenen Trakte sind somit eine Zeitreise durch die Stilepochen Europas.

7. ÖSTERREICHISCHE POSTSPARKASSE

1. BEZIRK • Georg Coch-Platz 2
die-postsparkasse.at

Bankgebäude sind vor allem eines: zweckmäßig. Anders verhält es sich bei der achtgeschossigen Österreichischen Postsparkasse, die 1906 eröffnet wurde und als bekanntestes Jugendstilgebäude Wiens gilt. Nach den Plänen von Otto Wagner errichtet, unterliegt hier von der Fassade bis zur Innenausstattung alles einem streng architektonischen Programm. Bodenbeläge, Wandtäfelungen, Heizkörper, Stehpulte, Sitzbänke, Schreibtische – hier wird alles zum Kunstwerk.

8. JUSTIZPALAST

1. BEZIRK • Schmerlingplatz 10–11
justiz.gv.at

Einer des tollsten Geheimtipps in Wien: Beim Betreten des ehrwürdigen und wunderschönen Neorenaissancebaus des Obersten Gerichtshofes muss sich jeder Gast zunächst einer Sicherheitskontrolle unterziehen. Dadurch entsteht eine besondere Ehrfurcht vor der magischen Schönheit und der Aura dieses Ortes. Im obersten Stock befindet sich das Justiz-Café, wo wir den mittelmäßigen Kaffee zu einem absolut grandiosen Ausblick und vor allem ganz für uns allein (!) trinken können.

GEHEIMTIPP: AUSSICHT VOM:

8. Justizpalast / Justizcafe

Schmerlingplatz 10–11

Wenn einer allein träumt, ist es nur ein Traum.
Wenn viele gemeinsam träumen, ist das der Anfang
einer neuen Wirklichkeit.

Friedensreich Hundertwasser

10. WU CAMPUS

2. BEZIRK • Welthandelsplatz 1
wu.ac.at

Für knappe 500 Millionen Euro wurde der neue Campus der Wirtschaftswissenschaften erbaut. Namenhafte Architekten wie Zaha Hadid prägen die moderne Szenerie, dessen Herzstück die weit auskragende Universitätsbibliothek darstellt. Für Architekturfans werden zudem Führungen angeboten (Anmeldung beim Architekturzentrum Wien unter atoursvienna.at).

12. JUDENPLATZ

1. BEZIRK

Der riesige Betonkubus in der Mitte des Platzes wurde 2000 enthüllt und tut im Herzen weh. Das Mahnmal geht auf die Initiative des Holocaust-Überlebenden Simon Wiesenthal zurück und wurde von Rachel Whitereads gestaltet – zum Gedenken an die Shoa, des Mordes an 65.000 österreichischen Juden während der NS-Herrschaft. Schon im Mittelalter kam es hier zu blutigen Pogromen und der Zerstörung der jüdischen Synagoge am Platz. Tiefere Einblicke in das Judentum in Wien gewährt das Museum am Judenplatz und das Jüdische Museum in der nahen Dorotheergasse.

15. PRATER

2. BEZIRK • prater.at

Der sechs Quadratkilometer große Wiener Prater dient als grüne Oase, Standort für das weltbekannte Wiener Riesenrad, Rummel- und Vergnügungspark und nostalgisches Tagträumen. Vor allem mit Kindern ist es ein beliebter Erholungsort. Die rund vier Kilometer lange Liliputbahn lässt den Prater auf gemütliche Weise erkunden. Der allseits bekannte Vergnügungspark wird auch liebevoll Wurstelprater genannt. Die Hauptsaison läuft von März bis Oktober und man zahlt nur an den jeweiligen Attraktionen und keinen allgemeinen Eintrittspreis.

17. HUNDERTWASSER-HAUS

3. BEZIRK • Kegelgasse 36–38
hundertwasser-haus.info

„Die heutige Architektur ist kriminell steril. Verbrecherisch ist die Benützung des Lineals“, Worte von Friedensreich Hundertwasser aus dem Jahr 1958. Er war ein Revolutionär. Knallbunt, mit Kurven, Licht und viel Grün, stemmte sich der Künstler ohne Architekturausbildung 1977 gegen die geradlinige „uninspirierte“ Architektur seiner Zeit und baute ein „Haus für Menschen und Bäume“. Das muss man gesehen haben. Das Hundertwasserhaus ist in der Nähe des Hunderwassermuseums Kunst Haus Wien.

VERGNÜGEN IN WIEN SEIT 1766:

15. Prater

2. Wiener Gemeindebezirk

23.

23.

28.

19. SCHLOSS BELVEDERE

3. BEZIRK • *Prinz-Eugen-Straße 27*
belvedere.at

Prunk, Prunk, Belvedere! Der weltberühmte Palast, der dem Prinzen Eugen von Savoyen als bescheidene Sommerresidenz diente, ist mit dem oberen und unteren Belvedere sowie dem Schlossgarten eine so komplexe Anlage, dass es heißt: Zeit mitbringen. Absolute Must-Sees: das Gemälde „Kuss“ von Gustav Klimt, der Marmorsaal und der Kaskadenbrunnen.

20. KARLSKIRCHE

4. BEZIRK • *Kreuzherrengasse 1*
karlskirche.at

Die beeindruckende Barockkirche wurde Anfang des 18. Jahrhunderts durch Fischer von Erlach gestaltet. Die Erscheinung erinnert stark an die Hagia Sophia in Istanbul und soll eine Verbindung zwischen Rom und Byzanz zum Ausdruck bringen. Ein Ausflug hierher in den 3. Bezirk lässt sich gut mit einem Besuch des Hundertwasserhauses und des Stadtparks verbinden.

23. MUSEUMSQUARTIER

7. BEZIRK • *Museumsplatz 1* • *mqw.at*

Das MQ ist eines der größten Kunstareale der Welt. Im Sommer findet hier das pure Leben statt! Ursprünglich waren hier die kaiserlichen Stallungen untergebracht, bis nach dem Ersten Weltkrieg die Umgestaltung zum Messegelände stattfand. 2001 wurde es in neuer Form als Kunst- und Veranstaltungsort der Öffentlichkeit zugänglich gemacht. Die Highlights des Komplexes sind für uns das Museum Leopold für moderne Kunst, das Kindermuseum ZOOM sowie das Tanzquartier. Im Sommer sind die Außenflächen prall gefüllt mit jungen Leuten, die hier in lauter und fröhlicher Atmosphäre das Zusammensein genießen. Viel Vergnügen!

25. ZOOM KINDERMUSEUM

7. BEZIRK • *Museumsplatz 1*
kindermuseum.at

Kinder von sechs bis 14 Jahre finden hier ein Spieleparadies und Kreativlabor. Großartig an Regentagen. Der Ozean ist Erlebnisraum für die Kleinen. Im Atelier gibt es Workshops und das Trickfilmstudio ist Probebühne für zukünftige Sound- und MediakünstlerInnen. Das Zoom liegt mitten im MQ. Hier können Eltern während der Aktivitäten ihrer Kids im Café oder auf einem der berühmten Enzimöbel entspannen oder im MUMOK (Museum für Moderne Kunst) selbst nach Inspiration suchen.

BATTERIEN AUFLADEN:

2/3. Zwischen Kunst- und Naturhistorischem Museum

GRÖSSTES KULTURAREAL DER WELT:

23. MuseumsQuartier (MQ)

DAS WERK OTTO WAGNERS BESTAUNEN:

30. Kirche am Steinhof

28. SCHÖNBRUNNER SCHLOSSPARK

***13. BEZIRK** • Schönbrunner Schloßstraße 47 • bundesgaerten.at*

Der Schönbrunner Schlosspark ist Wiens ganzer Stolz und zählt seit 1996 samt Schloss zum Weltkulturerbe der UNESCO. Die zauberhaft schöne Anlage diente als Sommerresidenz der Habsburger und bietet derart viele Attraktionen, dass man problemlos einen mehrtägigen Ausflug hierher unternehmen kann. Im Palast selbst kann man einen Eindruck des beispiellos luxuriösen Lebens der Kaiserfamilie gewinnen. Danach lässt es sich hervorragend durch den Schlosspark zum Neptunbrunnen und Irrgarten bis hin zum Lustschlösschen Gloriette spazieren. Der Neptunbrunnen wurde von Maria Theresia persönlich beauftragt. Das Bildnis der Meerfahrt des Neptun galt in der Kunst des 16. bis 18. Jh. oft als Gleichnis für die Herrschaft des Fürstentums, das wie Neptun die Kräfte des Landes lenkt. Die Habsburger Dynastie gehört zwar längst der Vergangenheit an, ihr reiches, kulturelles Erbe hat jedoch überdauert. Für den kleinen Hunger empfehlen wir die Waldemar-Tagesbar (zum Frühstück), Landtmann's Jausen-Station (zu Mittag) oder das Palmenhaus (am Nachmittag). Ach ja, und Badesachen nicht vergessen für das Schönbrunner Bad!

30. KIRCHE AM STEINHOF

***14. BEZIRK** • Baumgartner Höhe 1 erzdioezese-wien.at*

Otto Wagner gilt als der bedeutendste Wiener Architekt zur Zeit der Belle Epoque. Zahlreiche Jugendstilbauten in Wien stammen von ihm und prägen das Stadtbild. Die Kirche am Steinhof ist dabei ein besonderer Schatz, der jedoch zum Gelände des Psychiatrischen Krankenhauses gehört und somit beschränkten Öffnungszeiten unterliegt. Besichtigungen finden Samstag zwischen 16 und 17 Uhr sowie sonntags zwischen 12 und 16 Uhr statt (nähere Infos unter stadt-wien.at). Die Kirche selbst hat mit ihrer progressiven Gestalt für derartige Empörung gesorgt, dass der Kaiser der Eröffnung fernblieb und Otto Wagner seitdem keine kaiserlichen Aufträge mehr erhielt.

31. ERNST FUCHS-MUSEUM

***14. BEZIRK** • Hüttelbergstraße 26 ernstfuchsmuseum.at*

Unweit entfernt von der Kirche am Steinhof liegt zudem die atemberaubend schöne Otto-Wagner-Villa, in der heute das Ernst Fuchs Museum untergebracht ist. Der Maler Ernst Fuchs rettete 1972 das Gebäude vor dem Verfall, restaurierte es und erweiterte es auf künstlerische Weise.

Märkte

57. KARMELITERMARKT
2. BEZIRK

58. NASCHMARKT
6. BEZIRK
Neni, *Zur eisernen Zeit*, *Umarfisch* oder *Nautilus*, *Schoko Company*

59. MEIDLINGER MARKT
12. BEZIRK

60. BRUNNENMARKT
16. BEZIRK

61. KUTSCHKERMARKT
18. BEZIRK

Wien ist nicht nur Prunk, sondern kann auch herrlich bescheiden sein. Vor allem, wenn es um so Alltägliches wie Einkaufen geht. Auf Wiens vielen erhaltenen Märkten wird einem dabei ziemlich schnell bewusst, wo man sich gerade befindet – mitten in Europa! In der österreichischen Hauptstadt laufen scheinbar alle Fäden zusammen: des Wieners Raffinesse und Sinn für Tradition, der osteuropäische Charme angrenzender Länder wie Ungarn und Slowenien und das südländische Temperament der Mittelmeerregion. Der bekannteste seiner Art ist ohne Frage der Wiener Naschmarkt. Hier gibt es nichts, was es nicht gibt und mehr – das Neni zum Beispiel! Aber auch der Karmelitermarkt oder der Brunnenmarkt sind gerade wieder schwer im Kommen und einen Abstecher wert.

Parks

62. VOLKS- UND BURGGARTEN
1. BEZIRK • *Burgring*

63. STADTPARK
1. BEZIRK • *Parkring*

64. AUGARTEN MIT PORZELLANMUSEUM
2. BEZIRK • *Obere Augartenstraße 1*

65. TÜRKENSCHANZPARK
18. BEZIRK • *Hasenauerstraße Türkenschanzpark*

66. BELLEVUEWIESE
19. BEZIRK • *Himmelstraße 115*

BAROCK & PRUNKVOLL

Schönbrunner Schlosspark

13. Bezirk • Schönbrunner Schloßstraße 47

Ausflüge

67. SCHLOSSPARK LAXENBURG
Schloßplatz 1 • Laxenburg

68. FRIEDHOF SANKT MARX
3. BEZIRK *• Leberstraße 6*

69. HERMESVILLA
13. BEZIRK *• Lainzer Tiergarten*

70. ROTER BERG
13. BEZIRK

71. STEINHOFGRÜNDE
14. BEZIRK *• Baumgartner Höhe*

72. KLEE AM HANSLTEICH
17. BEZIRK *• Amundsenstraße 10*

73. BAUMKREIS „AM HIMMEL“
19. BEZIRK *• Himmelstraße 125*

74. KAHLENBERG
19. BEZIRK

75. LOBAU
22. BEZIRK *• Dechantweg 10*

76. SEGELSCHULE HOFBAUER BY BOATS2SAIL
22. BEZIRK *• An der Oberen Alten Donau 186*

WEITBLICK GENIESSEN:
74. Vom Kahlenberg
19. Wiener Gemeindebezirk an der Grenze zu Klosterneuburg

Baden

77. NEUWALDEGGER BAD
17. BEZIRK • *Promenadegasse 58*

78. KRAPFENWALDLBAD
19. BEZIRK • *Krapfenwaldgasse 65–73*

79. BUNDESBAD ALTE DONAU
22. BEZIRK • *Arbeiterstrandbadstraße 93*

80. STRANDBAD GÄNSEHÄUFEL
22. BEZIRK • *Moissigasse 21*

81. STROMBUCHT
22. BEZIRK • *Dampfschiffhaufen 10*

ULRICH

5. Essen & Trinken

„Die Kultur hängt von der Kochkunst ab."
– Oscar Wilde

Natürlich empfehlen wir hier das Restaurant für das beste Wiener Schnitzel der Stadt! Aber wir verraten dir auch den besten Würstelstand und wo du sensationell leckere vegane Currys oder wunderbare Ramen-Suppen findest. Wir haben uns durch die Wirtshaus-Szene geschlemmt und die wunderschönsten Heurigen für dich entdeckt. Auf den folgenden Seiten findest du unsere kulinarischen Lieblinge – jeder in eine ganz eigene Geschichte gefasst. Gutes Essen ist mehr als der Geschmack, es geht auch um die Geschichten der verwendeten Produkte, die Menschen dahinter und die gelebte Philosophie. Wien bietet in dieser Hinsicht eine vielfältige Landkarte von jung kreativ bis meisterlich traditionell. Zu jeder Tageszeit und für jedes Viertel gibt es ganz unterschiedliche Perlen zu entdecken und schmecken.

€ = günstig · €€ = moderat · €€€ = gehoben
€€€€ = Gourmet

82. MEISSL & SCHADN

1. BEZIRK • *Schubertring 10–12* • *meisslundschadn.at, €€€*

Man sagte uns, hier gäbe es das beste Wiener Schnitzel der Stadt. Das klingt verheißungsvoll und wirft zunächst ein philosophisches Problem auf: Kann es das eine beste Schnitzel geben? Wenn ja, was sind die Kriterien? Ein Besuch hat uns dann Klarheit verschafft. Unsere Kriterien: Atmosphäre, Blasen und Krossheit der Schnitzelpanade, Dünne und Zartheit des Fleisches, Beilagenqualität der Marmelade, Zitrone, Sardelle, Kartoffel- und Vogelsalat. Das Meissl & Schadn bekommt hier jeweils die Höchstwertung und wer das Schnitzel-Machen erlernen möchte, kann hier in die offene Küche schauen oder Kochkurse belegen.

83. LABSTELLE

1. BEZIRK • *Lugeck 6 • +43 1 236 21 22 • labstelle.at, €€€*

Lena Hoschek hat ein neues Lieblingsrestaurant im 1. Bezirk: die Labstelle. Schick und hip ist das Interieur, modern und streng regional die österreichische Küche, die Chef Kristijan Bacvanin hier kocht. Die Gerichte werden anspruchsvoll kombiniert und zu wahren Inszenierungen angerichtet. Das 4-Gänge-Menü liegt bei 59 Euro. Ein besonders schönes Frühstückserlebnis können wir hier samstags erleben, wenn beim Flying-Frühstück eine köstliche Reihe kleiner Gerichte serviert wird.

84. O BOUFÉS

1. BEZIRK • *Dominikanerbastei 17 • +43 1 512 22 29 10 • konstantinfilippou.com, €€€*

Klaus Mühlbauer und Sophie Pollak schwören beide auf dieses coole Naturwein-Bistrot. Das griechische Ehepaar Konstantin und Manuela Fillippou eröffnete das Lokal direkt neben dem großen Bruder, dem 2-Sterne-Restaurant Konstantin Fillippou (Fotos). In Paris wurde der Trend begonnen, dass namhafte Restaurants in direkter Nachbarschaft eigene Naturwein-Bistros eröffnen, wo kleine Speisen zum Teilen in geselliger Atmosphäre geboten werden. Serviert werden im O Boufés ausschließlich biologisch und biodynamisch hergestellte Weine.

85. HABIBI & HAWARA

1. BEZIRK • Wipplingerstraße 29 • +43 1 535 06 75 • habibi.at, €€

Gibt es eigentlich einen Stern für die weltbesten Falafel? Wenn ja, hat das Habibi & Hawara ihn doppelt und dreifach verdient. Außerdem einen für ihr Engagement, wenn es um die Integration von Flüchtlingen geht, ihre treffliche Hausmannskost aus aller Welt, ihren charmanten Service, die Top-Lage und das Preis-Leistungs-Verhältnis nicht zu vergessen.

A-LAGE, ABER NUR MÄSSIGE WURST:

Bitzinger

1. Wiener Gemeindebezirk

86. SCHACHTELWIRT

1. BEZIRK • Judengasse 5
+43 1 532 07 07 • schachtelwirt.at, €

Habe die Ehre! Mitten im berüchtigten Bermudadreieck, ein Szeneviertel bekannt für Bars und dunkle Kellerlokale, wird einfach gute Wirtshausküche in junger und unkonventioneller Darbietung serviert, nämlich im Karton-Schachterl und dazu gibt es Elektrobeats zu hören.

87. WÜRSTELSTAND ZUM SCHARFEN RENÉ

1. BEZIRK • Schwarzenbergplatz 15
+43 699 17 99 98 88
zumscharfenrene.com, €

Wien und seine Würstel! Ich liebe die Salzburger Bosner und das Wiener Pendant ist die Käsekrainer (auf bayerisch etwa „Eitrige"). Mit Vorfreude habe ich also den Besuch bei der Albertina mit einer selbigen beim Standl Bitzinger verbunden: Das war eine herbe Enttäuschung. Doch mit einer enttäuschenden Referenz kann man die meisterliche Wurst bei René umso mehr wertschätzen. Gebrüht in Rindsbrühe, kommt das Fleisch aus der Steiermark vom Bio-Fleischer. Und das schmeckt man: Nicht nur, dass René ein wunderbar sympathischer Gastgeber ist, er macht auch höchstpersönlich die hauseigenen Currysaucen. Das Chili-Sortiment reicht für alle Schärfegrade. Ein Highlight sind die schärfsten Erdbeerbonbons der Welt, genannt „Höllenfeuer Zuckerl". Fazit: Seine Käsekrainer erfüllen unsere hohen Erwartungen an die Wiener Würstel-Kunst.

88. WÜRSTELSTAND AM HOHEN MARKT

1. BEZIRK • Hoher Markt 1
+43 699 18 46 21 86, €

Super Würstel-Bastion mitten in der Stadt, da freuen wir uns schon während des ganzen Konzertes drauf, wenn wir im schicken Dress Würstel essen gehen. Das gibt's so nur in Wien! Auf dem Heimweg empfehlen wir noch einen Blick auf die Ankeruhr, ein Jugendstil-Prachtstück am unteren Ende des Hohen Marktes.

89. IN-DISH

1. BEZIRK • Schwarzenbergstraße 8
+43 1 941 28 01 • in-dish.at, €€

In Wien regieren kulinarisch die klassischen Wirtshäuser. Umso mehr Freude macht es, dass neue Szenelokale mit frischen Ideen und exotischen Aromen eröffnen. Das günstige Mittagsmenü gibt es auch als köstliche vegane Variante und lässt sich perfekt mit einem Streifzug durch den 1. Bezirk verbinden. Für den Kaffee im Anschluss empfehlen wir das Café Schwarzenberg.

ALLE 90.

90. LE BOL

1. BEZIRK • Neuer Markt 14
+43 699 10 30 18 99 • lebol.at, €€

In lebhafter und gemütlicher Atmosphäre, die uns an die Romantik eines französischen Straßencafés erinnert, wird hier zum Lunch ein exzellenter Ziegenkäse-Salat serviert. Der Service ist an diesem heißen Sommertag formell und etwas langsam. Aber so soll es hier wohl auch sein: entschleunigt mitten im Zentrum der Stadt, wenige Minuten vom Stephansdom.

91. SALONPLAFOND IM MAK

1. BEZIRK • Stubenring 5
+43 1 226 00 46 • salonplafond.wien, €€€

Der Salonplafond ist quasi das kulinarische Pendant zum Wiener Museum für angewandte Kunst, dem MAK. Was in den benachbarten Ausstellungsräumen Wände und Vitrinen schmückt, findet sich hier auf den Tellern: Kunst. Inspiriert vom traditionellen Wiener Wirtshaus wechselt die Karte vierteljährlich, es sei denn, es handelt sich um beliebte Kreationen oder Wiener Klassiker.

92. SCHÖNSCHARF

1. BEZIRK • Laurenzerberg 1
+43 660 709 20 13 • schoenscharf.at, €

Nach einem Spaziergang am Donaukanal und einem Drink im Motto am Fluss bekommen wir Appetit: In diesem kleinen Take-away Lokal werden aus besten Bio-Zutaten vorzügliche thailändische Curries, Suppen und Salate zubereitet.

93. PLACHUTTA

1. BEZIRK • Wollzeile 38
+43 1 512 15 77 • plachutta-wollzeile.at, €€

Er wollte immer „der Hauptplayer am Wiener Markt für hochwertige Wiener Küche“ sein. Dieses Ziel hat Mario Plachutta erreicht, dabei ist er ein sprühender und charmanter Gastgeber, der im Business als durchsetzungsstarker Verhandler bekannt ist. Das erste Restaurant in Wien Hietzing gründete der hochbegabte Koch Ewald, Marios Vater. Inzwischen gibt es fünf weitere Restaurants, jedes mit eigenem Flair. Ein wenig aus der Reihe tanzt das „Mario“ in Hietzing – mit wunderbarem Frühstück, mediterranen und Grillspezialitäten. In der Wollzeile empfiehlt sich natürlich der weltberühmte Tafelspitz, butterweich gekocht, serviert mit Schnittlauchsauce und Apfelkren. Unbedingt reservieren.

94. VESTIBÜL RESTAURANT IM BURGTHEATER

1. BEZIRK • Universitätsring 2 • +43 1 532 49 99 • vestibuel.at, €€€

Nobler Ort, zwei Hauben-Küche und österreichische Qualitätsweine. Das Restaurant Vestibül bietet kulinarische Höchstleistung im einzigartigen historischen Ambiente der „Burg". Wer es mondän mag, fühlt sich wohl, idealerweise vor einer Vorstellung in Wiens renommiertestem Theaterhaus. Ich habe hier schon ein Achterl mit Nicholas Ofczarek getrunken. Ja, auch Wiener Theaterstars finden sich hier nach der Vorstellung ein.

95. ZUM SCHWARZEN KAMEEL

1. BEZIRK • Bognergasse 5 • +43 1 533 81 25 • kameel.at, €€

Im Kameel lässt sich der Wiener einen vornehmen Imbiss kredenzen. Vorzugsweise eine Kaisersemmel mit Schinken und Meerrettich, dazu ein Gläschen Cremant und ein respektvoll anerkennendes Sehen und Gesehenwerden. Das geht am besten im sehr stilvollen Inneren des Restaurants, das am eindrucksvollsten den Charme der schon 1618 gegründeten Gewürzkrämerei zum Ausdruck bringt. Heute führt unser Local Peter Friese diese Institution in zweiter Generation und liefert mit seinem Team in charmanter Atmosphäre verlässliche Kontinuität und Qualität.

97.

98.

97.

98.

98.

98.

98.

96. MIZNON

1. BEZIRK • Schulerstraße 4
miznonvienna.com, €€

Nach Paris und Tel Aviv nun auch in Wien, direkt am Steffl. Der Starkoch Eyal Shani bietet hier „neo-israelisches streetfood“ – im Wesentlichen sind das teuflisch leckere gefüllte Pita-Brote in enger geselliger Atmosphäre!

97. MOCHI

2. BEZIRK • Praterstraße 15
+43 1 925 13 80 • mochi.at, €€

Mochi, das ist nicht nur der Name für japanische Reiskuchen, sondern auch für das wohl derzeit beliebteste Asia-Restaurant in der Praterstraße. Klein aber fein, ist es hier immer voll – dank köstlicher Special Sushi Rolls und Überraschung: süß-klebriger Mochis.

98. OKRA IZAKAYA

2. BEZIRK • Kleine Pfarrgasse 1
+43 699 17 52 71 90 • okra1020.com, €€

In diesem Izakaya gibt es die besten Nudelsuppen der Stadt. In einem typischen japanischen Izakaya geht es gesellig und lebendig zu und daher werden hier die meisten Speisen zum Teilen in die Tischmitte platziert: Diese reichen vom klassischem Sushi bis hin zu verschiedensten Grillgerichten.

99. PIZZA MARI

2. BEZIRK • Leopoldsgasse 23a
+43 676 687 49 94 • pizzamari.at, €€

Pizza Mari leistet in Wien echte Pionierarbeit, wenn es um neapolitanische Pizza geht. Zu den geheimen Familienrezepten gesellen sich ausschließlich originale und frische Zutaten. Mittags gibt es nur Pizza, abends auch Salate und hausgemachte Süßspeisen.

100. RESTAURANT BRIUNI

2. BEZIRK • Blumauergasse 2
+43 1 968 32 57 • restaurant-briuni.business.site, €€

Von Österreich ist es nur ein Katzensprung nach Kroatien, das Land mit dem kristallklaren Meer und den tausend Inseln. Das Restaurant Briuni bietet in der einfachen Atmosphäre eines Wiener Beisls traditionelle dalmatinische Küche: gegrillter Fisch mit Mangold-Kartoffeln, Muscheln in Weißweinsud und zur Begleitung einen dunklen Plavac Mali.

101. SENHOR VINHO

5. BEZIRK • Schwarzhorngasse 8
+43 1 545 84 00 • senhorvinho.at, €€

Nelson Fadista dos Santos und sein Bruder Daniel führen das authentische und sehr familiäre portugiesische Restaurant mit einer Vorliebe für regionale Weine aus ihrer Heimat. Die saisonalen Gerichte werden stilecht auf der Kreidetafel angeboten und reichen von gegrillter Chorizo und Gambas bis hin zu Venusmuscheln, Lammkeule und einem himmlisch zarten Oktopus.

102. SKOPIK & LOHN

2. BEZIRK • Leopoldsgasse 17 • +43 1 219 89 77 • skopikundlohn.at, €€€

Urbane Küchenkultur trifft Wiener Etikette: Weiße Dinner Jacken, 20er-Jahre-Musik, ein Kellner, der einem den Mantel an der Garderobe abnimmt – das Skopik & Lohn hat Stil und passt doch in keine Schublade. Die Karte erinnert an eine Mischung aus französischer Brasserie und traditionellem Wiener Gasthaus – optisch wie kulinarisch.

103. RESTAURANT STEIRERECK

***3. BEZIRK** • Am Heumarkt 2a • +43 1 713 31 68 • steirereck.at, €€€€*

Der Ruf dieses vielfach ausgezeichneten Restaurants eilt ihm voraus. Zum 12. Mal in Folge wurde das Restaurant durch den Falstaff zum besten in Österreich gewählt. Es gehört zudem zu den besten 10 Restaurants der Welt. Küchenchef Heinz Reitbauer prägt das Restaurant, welches wie kein anderes als Visitenkarte für die österreichische Spitzengastronomie steht.

104. KARMA RAMEN

***5. BEZIRK** • Rechte Wienzeile 2A • +43 680 321 68 38 • karmaramen.at, €€*

Seit Jahren eine feste Wiener Instanz und ein absolutes Muss für alle Liebhaber der japanischen Nudelsuppen. In der offenen Küche brodelt es unermüdlich und auch die Plätze an den hellen Holztischen (unter den Augen eines wachsamen Mangas) sind stets heiß begehrt.

105. NENI AM NASCHMARKT

6. BEZIRK • *Naschmarkt 510 • +43 1 585 20 20 • neni.at, €€*

Die Geschichte der Familie Molcho ist eine beispiellose Erfolgsgeschichte. Angefangen mit dem Neni am Naschmarkt zählen mittlerweile Restaurants in ganz Europa – von Berlin über Hamburg bis Amsterdam und Paris – zu ihrem Imperium. Zurecht, denn Hummus, Hamshuka, Messabeha, Muhammara oder Zigarren (nicht die zum Rauchen, sondern die zum Essen) findet man in dieser Form sonst selten. Noch nie gehört? Ein Grund mehr vorbeizuschauen!

106. MARKET RESTAURANT

***6. BEZIRK** • Linke Wienzeile 36 • +43 1 581 12 50 • market-restaurant.at, €€*

Die erste Erscheinung ist schon mal spektakulär, denn hier waren die talentierten Designer des Architekturbüros KLK am Werke (bekannt für die Krypt Bar): großzügige Räumlichkeiten, hippe Muster, coole Bistro-Atmosphäre und dazu gibt's zum Lunch oder Dinner moderne und frische Asiagerichte. Tipp: unbedingt drinnen sitzen.

107. LUDWIG VAN

6. BEZIRK • *Laimgrubengasse 22 • +43 676 551 41 43 • ludwigvan.wien, €€€*

Das urige Restaurant kommt mit dem Gewand eines Wirtshauses daher und überrascht mit Menü, Komposition und Darbringung der anspruchsvollen Küche. Inhaber Oliver Jauk ist absolut passionierter Inhaber dieses Lokals, welches unsere Local Barbara Ludwig als ihren absoluten Liebling in der Wiener Gastro-Szene bezeichnet. Oliver führt uns und andere persönlich durch den Abend, erklärt, gibt Rat und unterhält auf angenehme wienerische Art. Wir verlassen das Lokal und haben Neues gewagt, Bekanntes genossen und sind um einiges Wissenswertes reicher.

110.

111.

111.

111.

110.

108. MAMA LIU & SONS

6. BEZIRK • Gumpendorfer Straße 29
+43 1 586 36 73 • mamaliuandsons.at, €€

Mama Liu macht uns hier glücklich: In jedem Gericht steckt so viel Umami, dass wir uns am Ende des Mahls zufrieden und satt in die Stuhllehne fallen lassen. Die Dumplings waren ebenso köstlich wie das Highlight des Restaurants, die selbst zuzubereitenden Hot Pots. Man kann es sich kompliziert machen oder doch einfach alle Zutaten zur gleichen Zeit in die schmackhafte Brühe legen, es schmeckt zum Süchtigwerden. Nur eines ist zu beachten: Niemals die darunterliegende Flamme verstellen, das geht immer schief. Einfach helfen lassen, wie im richtigen Leben – nicht mit dem Feuer spielen.

109. TIAN BISTRO

7. BEZIRK • Schrankgasse 4
+43 1 526 94 91 • tian-bistro.com, €€

Zur Mittagszeit unterwegs in Spittelberg und Appetit nach etwas kulinarischer Abwechslung auf Sterne-Niveau? Das Schwester-Restaurant Tian wurde mit einem Michelin-Stern geehrt und servierte als eines der ersten exquisiten Restaurants rein vegetarische Küche. Im Bistrot wird sogar ein vegetarisches Frühstück angeboten mit vielen kleinen Gerichten zum Teilen.

110. ULRICH

7. BEZIRK • Sankt-Ulrichs-Platz 1
+43 1 961 27 82 • ulrichwien.at, €€

Wiens Gastro-Szene-Hotspot schlechthin ist eine Mischung aus Restaurant, Café und Bar. In der warmen Jahreszeit lockt der schöne Gastgarten direkt vor der barocken Ulrichskirche, im Herbst und Winter sind es die „Flat Ulrich"-Flammkuchen, die hier garantiert niemanden kalt lassen.

111. BAO BAR

7. BEZIRK • Zollergasse 2 • baobar.at, €

Des Wieners Streetfood Nummer Eins ist und bleibt das Würstel – klar hat da der Kimchi-Hype etwas auf sich warten lassen. Die Bao Bar hat die Gelegenheit am Schopf gepackt und gleich zwei Filialen eröffnet, in denen seitdem täglich jede Menge Bao Buns, Kimchi-Fries und Rice Bowls über die Theke wandern.

112. KARMA FOOD

7. BEZIRK • Neustiftgasse 43
+43 676 915 80 12 • karma-food1070-restaurant.business.site, €€

Ein Lieblingstipp mit Seele von Madeleine Alizadeh. Simone & Adi haben 2014 mit einem Lokal mit einem tiefen Bewusstsein für Nachhaltigkeit und gutem gesunden Essen begonnen. Das Lunch-Konzept funktioniert erfolgreich. Heute haben die beiden fünf Karma-Food-Lokale in Wien!

ALLE 117.

113. TATA RESTAURANT

7. BEZIRK • Seidengasse 23
+43 1 956 81 05 • vietnamdelicious.at, €€

Kleines unprätentiöses Lunch-Lokal mit frischen vietnamesischen Gerichten und flottem Service. Die Frühlingsrollen, eine Curry-Suppe, die hausgemachte Limonade und der vietnamesische Kaffee dürfen auf keinen Fall fehlen, beim Hauptgang lassen wir dir die Wahl.

114. HAUSMAIR'S GASTSTÄTTE

7. BEZIRK • Lerchenfelder Straße 73
hausmair.at, €€

Der Inhaber Herbert Hausmair ist selbst Jäger und so stammt das Wild aus eigener Jagd. Zudem wird hier ein vorzügliches Rindsgulasch serviert!

115. ERICH

7. BEZIRK • Neustiftgasse 27
+43 1 890 64 00 • erichwien.at, €€

Frühstück à la Erich heißt Huevos Rancheros, Benny Eggs, Acai Bowl oder Knuspergranola all day long. Na gut fast: bis 16 Uhr. Morgenmuffel und Frühaufsteher werden auch beim leckeren Tagesangebot fündig.

116. NGUYEN'S PHO HOUSE

7. BEZIRK • Lerchenfelder Straße 46
+43 1 956 53 24 • nguyensphohouse.at, €€

Wie es sich für ein Pho House gehört, ist es hier immer voll. Beim Warten an der offenen Küchentheke mit Blick auf die dampfenden Suppen, duftenden Currys und bunten Salate gibt es aber immerhin allen Grund zur Vorfreude.

117. SANTOS NEUBAU

7. BEZIRK • Siebensterngasse 14
+43 1 345 14 36 • santos-bar.com, €€

Knusprige Maistortillas, saftige Enchiladas und würzige Fajitas – so sieht passioniertes Tex-Mex-Food aus! Im Sommer lässt sich das am besten im urbanen Restaurantgarten auf der Spittelberggasse genießen, dazu eine Michelada: Bier mit Limettensaft, Worcester Sauce, Tabasco und Salz.

118. KONOBA RESTAURANT

8. BEZIRK • Lerchenfelder Straße 66–68 • +43 1 929 41 11
konobarestaurant.business.site, €€

Hier geht es derart original kroatisch zu, dass wir unweigerlich in Erinnerungen an unsere letzte Kroatien-Reise schwelgen: unprätentiöse Einrichtung, dafür gesellige Atmosphäre und eine Frischetheke mit allem was das Mittelmeer so hergibt. Stilecht sei hier eine dalmatinische Fisch-Grillplatte mit einem Glas Pošip empfohlen.

119. GOLDFISCH

8. BEZIRK • Lerchenfelder Straße 16 • +43 664 254 95 96 • goldfisch.wien, €€€

Das kleine Fischlokal mit dem feinen Bistro bietet nur Platz für 20 Personen und lockt mit ausgezeichneten fangfrischen Produkten sowie raffinierten Gerichten. Das passionierte Paar Petra Frisch und Sebastian Slavicek ist das Inhaber-Team hinter diesem sympathischen Restaurant, das im Wiener Kulinarik-Alltag für angenehme Abwechslung sorgt. So wird hier beispielsweise der traditionelle Tafelspitz in neuer schmackhafter Form geboten, nämlich mit Oktopus statt Rindfleisch. Auch zum Mittagessen eine tolle Empfehlung!

120. KOMMOD

8. BEZIRK • Strozzigasse 40 • +43 1 402 13 98 • kommod-essen.at, €€€

Wir lieben es, wenn sich Paare für eine gemeinsame Sache zusammentun und somit etwas sehr Persönliches und Einzigartiges entsteht. So auch im Restaurant von Stephan Stahl und Christina Unteregger, die in ihrer stetig wechselnden Karte viel Wert auf Regionalität und Kreativität legen. Jeden Abend gibt es vier Gänge, die Stephan zubereitet und Christina auf charmante vergnügliche Weise darbietet. Sie reichen von mediterran bis modern österreichisch.

121. SAKAI

8. BEZIRK • *Florianigasse 36 • +43 1 729 65 41 • sakai.co.at, €€*

Exquisite japanische Küche, die nicht nur durch die hohe Qualität der Zutaten und altbekannte Gerichte wie die verschiedensten Sushi-Variationen begeistert. Chef Hiroshi Sakai war ehemals Chefkoch im Restaurant Unkai des Grand Hotel und hat dort sein Können bereits bewiesen. Im Sakai erfährt man ganz neue Gerichte und Aromen und erlebt eine Reise durch Japan mit Tofupasten, Misomarinaden, aber natürlich auch verschiedenen Nigiri-Sushi. Das 8-gängige O-Makase-Menü liegt bei 79 Euro.

122. MAST WEINBISTRO

9. BEZIRK • Porzellangasse 53 • +43 1 922 66 79 • mast.wine, €€

Ein exzellenter Tipp unseres Münchner Locals Roman Enders, der diese Weinbar gemeinsam mit seiner Frau zufällig bei einem Städtetrip entdeckt hat und uns davon gleich berichtete, weil er derart überwältigt war. Der Fokus liegt auf Naturweinen. Das ist nicht nur ein großartiger Trend, sondern häufig auch ein Garant für feine Zutaten und Geschmäcker. So auch hier: Matthias Pitra und Steve Breitzke sind die Gastgeber, die uns hier in einem stilvoll-familiären Ambiente zum Dinner willkommen heißen.

ALLE 123.

123. WIENER WÜRSTELSTAND

8. BEZIRK • Pfeilgasse, €

Zwei Salzburger erfüllen sich den Traum vom eigenen „Würschtlstand" und machen aus ihm mit viel Liebe zur guten Salzburger Bosna einen Lieblingstipp unserer Local Lilli Hollein. Qualität und Herkunft schmeckt eben hervorragend!

124. KIANG WINE AND DINE

9. BEZIRK • Grünentorgasse 19/2–3
+43 664 515 36 33
kiangwine-dine.com, €€

Ein sehr ungewöhnliches und unterhaltsames Restaurant, in dem asiatische kleine Gerichte mit regionalen Weinen kombiniert werden. Das Ambiente ist etwas puristisch, aber der Inhaber und Gastgeber Joseph Kiang sorgt für die persönliche Note am Abend. Ein Besuch lässt sich wunderbar mit einem Spaziergang durch das Servitenviertel verbinden.

125. PACO RESTAURANT

9. BEZIRK • Nußdorfer Straße 7
+43 1 890 37 85 • pacorestaurant.at, €€

Spanische Tapas auf hohem Niveau! Die Plätze an der langen Bar mit Blick auf die offene Showküche sind am Abend, frei nach dem Motto „first come, first serve", schnell belegt. Unser Blick fällt auf Patatas bravas, Pimientos de Padrón, frittierten Oktopus und Miesmuscheln in Weißwein. Zum Nachtisch dann eine himmlische Crema Catalana.

126. DAILY SPICE

14. BEZIRK • Linzer Straße 47A
+43 1 786 73 59
daily-spice.business.site, €€

Wer nach einem Besuch im Schloss Schönbrunn ausgezeichnet und preiswert Mittagessen gehen möchte, dem sei die indische Küche im kleinen unprätentiösen Lokal Daily Spice empfohlen. 800 Meter vom Schloss entfernt, gibt es hier selbst gemachtes Pitabrot, Mangolassi, köstliche Samosa und eine feine Auswahl an Currys.

127. ALL REIS BANGKOK STREET FOOD

15. BEZIRK • Schweglerstraße 12
+43 1 786 46 68 • allreis.com, €

In der offenen Küche werden Highlights der thailändischen Küche zubereitet, die hiesige Thai-Restaurants sonst eher vermissen lassen: Betelblätter, geröstete Kokosnüsse, fermentierte Krabben, gestocktes Schweineblut und Sato-Bohnen, dazu Reis. Viel Reis! Denn „scharf" heißt hier noch wirklich scharf!

128. RESTAURANT HERZIG

14. BEZIRK • Schanzstraße 14 • +43 664 115 03 00 • restaurant-herzig.at, €€€€

Ein neues Lieblingsrestaurant von Katharina Schinkinger! Das schicke Fine Dining Restaurant steht im Kontrast zu seiner Umgebung, dem eher etwas rauen Penzing. Küchenchef Sören Herzog hat sein Können beim Dreisterne-koch Juan Amador verfeinert, bevor er nun mit dem Herzig eigene Wege geht. Entsprechend komplex und filigran ist die hier gebotene Spitzenküche. Das Interieur ist ein absoluter Hingucker und stammt vom erfolgreichen Innenarchitektenteam, das auch das Mochi und die berühmte Krypt Bar designt hat. Das 7-Gänge-Dinner liegt bei 135 Euro.

129. MRAZ & SOHN

20. BEZIRK • Wallensteinstraße 59 • +43 1 330 45 94 • mrazundsohn.at, €€€€

Wir haben in Berlin schon immer die Cordobar heiß geliebt, doch nun ist der dortige Koch Lukas Mraz in den mit zwei Michelin-Sternen ausgezeichneten Familienbetrieb in Wien gewechselt und kocht dort an der Seite seines Vaters, während der zweite Bruder Manuel den Service verantwortet. Das Restaurant ist überwältigend gut und zählt bei vielen zum besten Restaurant der Stadt. Die Lage, abseits der üblichen Touristenwege, passt perfekt zur kreativen Philosophie dieses einzigartigen Fine Dining Restaurants. Besonderes Highlight ist die Präsentation der Grundzutaten zu Beginn des Abends. Das 15-gängige Menü liegt bei 144,44 Euro.

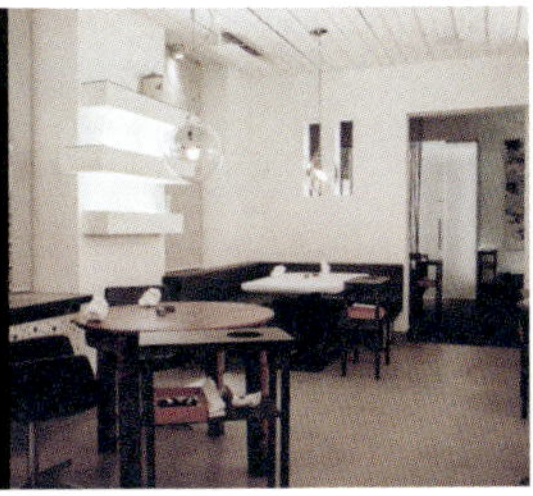

134.

Wirtshäuser

130. MINORITENSTÜBERL
1. BEZIRK • *Minoritenplatz 5*
+43 1 533 52 81 • andiwojta.at

131. REINTHALER GASTHAUS
1. BEZIRK • *Gluckgasse 5*
+43 1 512 33 66 • gasthaus-reinthaler.stadtausstellung.at

132. SALZAMT
1. BEZIRK • *Ruprechtsplatz 1*
+43 1 533 53 32 • salzamt-wien.at

133. SCHANK ZUM REICHSAPFEL
2. BEZIRK • *Karmeliterplatz 3*
+43 1 212 25 79 • zumreichsapfel.at

140.

134. SCHWEIZERHAUS
2. BEZIRK • *Prater 116*
+43 1 728 01 52-0 • schweizerhaus.at

135. GMOAKELLER
3. BEZIRK • *Am Heumarkt 25*
+43 1 712 53 10 • gmoakeller.at

136. WINKLERS ZUM POSTHORN
3. BEZIRK • *Posthorngasse 6*
+43 664 431 21 23 • winklers-zumposthorn.at

137. ZUR HERKNERIN
4. BEZIRK • *Wiedner Hauptstraße 36*
+43 699 15 22 05 22 • zurherknerin.at

138. WORACZICZKY GASTHAUS
5. BEZIRK • *Spengergasse 52*
+43 699 11 22 95 30 • woracziczky.at

Die Wirtshäuser oder besser die Wiener Beisl sind trotz aller internationalen Foodtrends und Fine Dining Erlebnisse das kulinarische Herzstück der Stadt. Wir lieben internationale Gerichte wie Ramen, Currys, Sushi, Bibimbap oder Shakshuka, doch am Ende sind es die klassischen österreichischen Gerichte, die mich als Österreicherin berühren, an meine Kindheit erinnern und deren Genuss mich so wohlfühlen lässt. Angefangen bei einer Frittaten- oder Kaspressknödel-Suppe, über eine Frankfurter mit Kren bis hin zum Tafelspitz und Marillenknödel. Jedes Beisl ist besonders. Manche sind von den Jahren gezeichnet, urig und gerade deshalb erlebenswert wie der „Schank zum Reichsapfel". Andere sind jung und persönlich wie das „Zur Herknerin" und wieder andere sind vom Michelin Guide mit einem Bip Gourmand ausgezeichnet wie das unaussprechliche „Woracziczky Gasthaus".

139. GASTWIRTSCHAFT STEMAN

6. BEZIRK • *Austria • Otto-Bauer-Gasse 7 • +43 1 597 85 09 • steman.at*

140. GLACIS BEISL

7. BEZIRK • *Breite Gasse 4*
+43 1 526 56 60 • glacisbeisl.at

141. AMERLINGBEISL

7. BEZIRK • *Stiftgasse 8*
+43 1 526 16 60 • amerlingbeisl.at

142. DURCHHAUS

7. BEZIRK • *Neustiftgasse 16*
+43 1 526 94 48 • durchhaus.at

143. FROMME HELENE

8. BEZIRK • *Josefstädter Straße 15*
+43 1 406 91 44 • frommehelene.at

144. GASTHAUS KOPP

20. BEZIRK • *Engerthstraße 104*
+43 1 330 43 92 • gasthaus-kopp.at

143.

Heurige

Noch heiliger als der Würstelstand ist dem Wiener sein Heuriger – ein Buschenschank, in dem ausschließlich Wein aus eigenem Anbau ausgeschenkt wird. Und zwar immer dann, wenn ausgesteckt, sprich geöffnet, ist. Anders als bei herkömmlichen Gasthäusern ist das nur ein paarmal im Jahr der Fall, was feierlich mit einem Föhrenbuschen – einem Kiefernzweig – über dem Eingang verkündet wird (eine Tradition, die seit 1784 überdauert hat). Was dem Münchner sein Biergarten und dem Kölner sein Karneval, ist dem Wiener sein Heuriger. Der befindet sich eher in den äußeren Stadtbezirken – und weit über die Grenzen Wiens hinaus. Die Weinstube Josefstadt ist einer der wenigen Stadt-Heurigen und lockt mit grünem Innenhof in urbanem Ambiente.

145. WEINSTUBE JOSEFSTADT

8. BEZIRK • Piaristengasse 27
+43 1 406 46 28 • weinstube-josefstadt.at

146. EDLMOSER

13. BEZIRK • Maurer Lange Gasse 123
+43 1 889 86 80 • edlmoser.com

147. HEURIGENSCHENKE ZUR WILDSAU

13. BEZIRK • *Slatingasse 22*
+43 1 876 46 53 • wildsau.at

148. PRILISAUER

14. BEZIRK • *Linzer Straße 423*
+43 1 979 32 28 • prilisauer.at

149. FUHRGASSL-HUBER

19. BEZIRK • *Neustift am Walde 68*
+43 1 440 14 05 • fuhrgassl-huber.at

150. BUSCHENSCHANK IN RESIDENCE

19. BEZIRK • *Langackergasse 5a*
+43 664 500 60 95 • jutta-ambrositsch.at

151. MAYER AM NUSSBERG

19. BEZIRK • *Kahlenberger Straße 213*
+43 664 75 55 66 67 • mayeramnussberg.at

152. HEURIGER SCHÜBEL-AUER

19. BEZIRK • *Kahlenberger Straße 22*
+43 1 370 22 22 • schuebel-auer.at

153. WIENINGER AM NUSSBERG

19. BEZIRK • *Eichelhofweg 125*
+43 1 320 06 43 • wieninger-am-nussberg.at

154. WEINGUT H. P. GÖBEL

21. BEZIRK • *Stammersdorfer Kellergasse 131 • +43 1 294 84 20*
weinbaugoebel.at

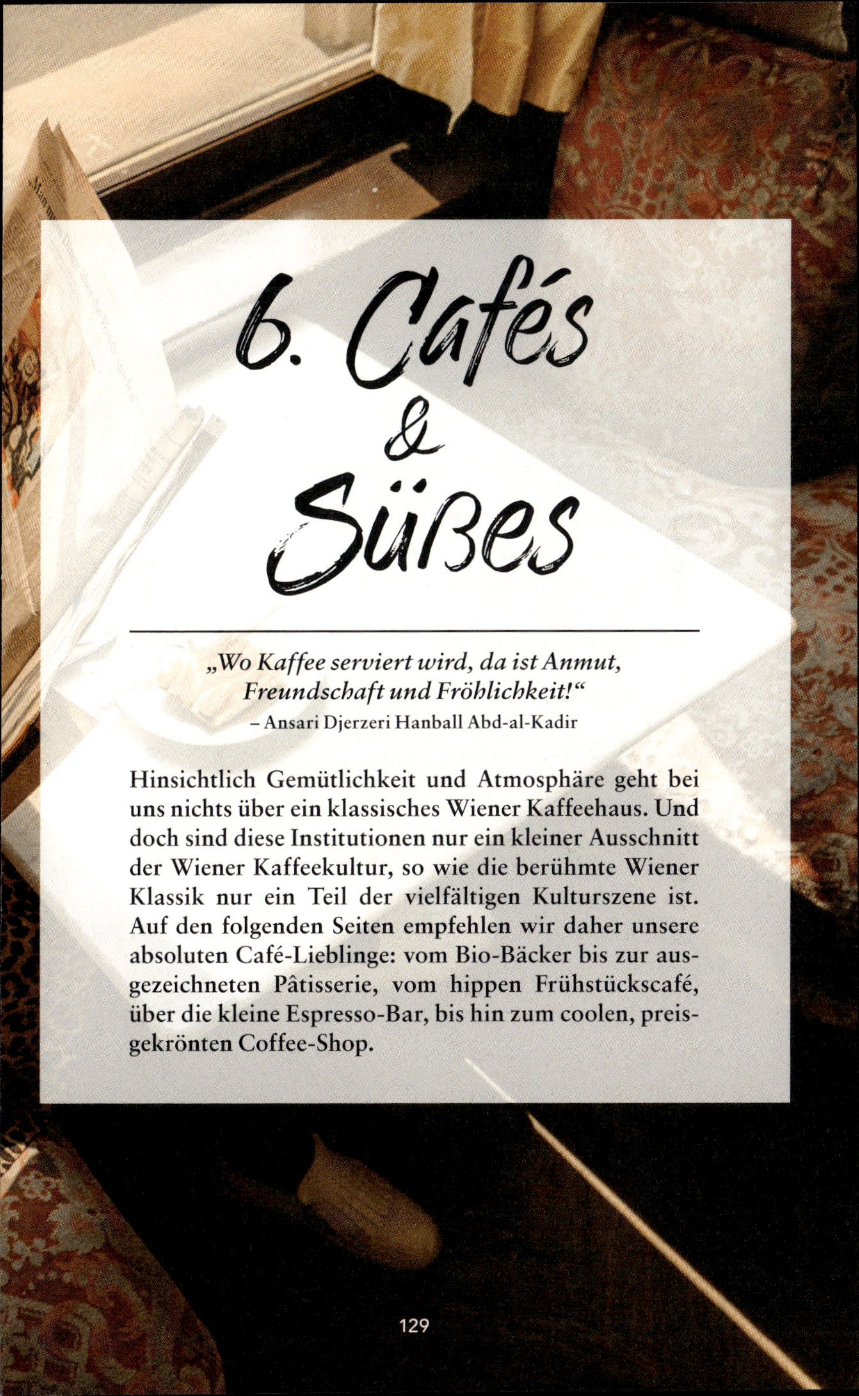

6. Cafés & Süßes

„Wo Kaffee serviert wird, da ist Anmut, Freundschaft und Fröhlichkeit!“
– Ansari Djerzeri Hanball Abd-al-Kadir

Hinsichtlich Gemütlichkeit und Atmosphäre geht bei uns nichts über ein klassisches Wiener Kaffeehaus. Und doch sind diese Institutionen nur ein kleiner Ausschnitt der Wiener Kaffeekultur, so wie die berühmte Wiener Klassik nur ein Teil der vielfältigen Kulturszene ist. Auf den folgenden Seiten empfehlen wir daher unsere absoluten Café-Lieblinge: vom Bio-Bäcker bis zur ausgezeichneten Pâtisserie, vom hippen Frühstückscafé, über die kleine Espresso-Bar, bis hin zum coolen, preisgekrönten Coffee-Shop.

142.

Du hast Sorgen, sei es diese, sei es jene – ins Kaffeehaus! Sie kann, aus irgend einem, wenn auch noch so plausiblen Grunde, nicht zu dir kommen – ins Kaffeehaus! Du hast zerrissene Stiefel – Kaffeehaus! Du hast 400 Kronen Gehalt und gibst 500 aus – Kaffeehaus! Du findest Keine, die Dir passt – Kaffeehaus! Du stehst innerlich vor dem Selbstmord – Kaffeehaus! Du hasst und verachtest die Menschen und kannst sie doch nicht missen – Kaffeehaus!

Peter Altenberg

Kaffeehäuser

Schon Stefan Zweig beschrieb die Wiener Kaffeehäuser als „eine Institution der besonderen Art“. Mit Ausnahme unserer eigenen vier Wände fühlen wir uns nirgends mehr zuhause als in einem Wiener Kaffeehaus, ein Sehnsuchtsort mit Seele und Tradition. Wir lieben die bodenständige, traditionelle Küche, den teils modrigen Duft, das aus der Zeit gefallene Interieur und natürlich den einzigartigen grantlig charmanten Service. Jedes Haus bietet seine Eigenheiten: prunkvolle Räumlichkeiten im Café Central, Klaviermusik im Café Prückel oder Ritter, das Café Alt Wien ist bis nach Mitternacht geöffnet und so findet jeder seinen persönlichen Liebling.

155.

Wiener Kaffeehäuser

156.

155. CAFÉ CENTRAL

1. BEZIRK • *Herrengasse 14*
+43 1 533 37 63-24 • *cafecentral.wien*

156. CAFÉ PRÜCKEL

1. BEZIRK • *Stubenring 24*
+43 1 512 61 15-12 • *prueckel.at*

157. CAFÉ KORB

1. BEZIRK • *Brandstätte 9*
+43 1 533 72 15 • *cafekorb.at*

158. CAFÉ HAWELKA

1. BEZIRK • *Dorotheergasse 6*
+43 1 512 82 30 • *hawelka.at*

159. CAFÉ ENGLÄNDER

1. BEZIRK • *Postgasse 2*
+43 1 966 86 65 • *cafe-englaender.com*

160. KAFFEE ALT WIEN

1. BEZIRK • *Bäckerstraße 9*
+43 1 512 52 22 • *kaffeealtwien.at*

155.

161. CAFÉ SCHWARZENBERG
1. BEZIRK • *Kärntner Ring 17*
+43 1 512 89 98 • cafe-schwarzenberg.at

162. DEMEL
1. BEZIRK • *Kohlmarkt 14*
+43 1 535 17 17-0 • demel.com

163. CAFÉ BELLARIA
1. BEZIRK • *Bellariastraße 6*
+43 1 522 60 85 • cafebellaria.at

164. CAFÉ ANZENGRUBER
4. BEZIRK • *Schleifmühlgasse 19*
+43 1 587 82 97

165. CAFÉ GOLDEGG
4. BEZIRK • *Argentinierstraße 49*
+43 1 505 91 62 • cafegoldegg.at

166. CAFÉ JELINEK
6. BEZIRK • *Otto-Bauer-Gasse 5*
+43 1 597 41 13 • cafejelinek.steman.at

167. CAFÉ SPERL
6. BEZIRK • *Gumpendorfer Straße 11*
+43 1 586 41 58 • cafesperl.at

168. CAFÉ SAVOY
6. BEZIRK • *Linke Wienzeile 36*
+43 1 430 33 04 • cafe-savoy.at

169. CAFÉ RITTER OTTAKRING
16. BEZIRK • *Ottakringer Straße 117*
+43 1 486 12 53 • caferitterottakring.at

155.

155.

170. PALMENHAUS

1. BEZIRK • *Burggarten 1 • +43 1 533 10 33 • palmenhaus.at*

Das sehenswerte Jugendstilbauwerk zählt angeblich zu den schönsten Kaffeehäusern Wiens. Nun, wir finden es nicht übertrieben da noch einen drauf zu setzen und die eindrucksvolle Stahl-Glaskonstruktionen als schönstes Café weltweit zu bezeichnen. Oder wann hat man schon einmal die Gelegenheit, zwischen exotischen Pflanzen, Kaffee und hausgemachte Mehlspeisen zu genießen?

171. JOSEPH BROT

3. BEZIRK • Landstraßer Hauptstraße 4
+43 1 710 28 81 • joseph.co.at

Inhaber Josef Weghaupt ist gewissermaßen ein Aufklärer für das moderne Bäckerhandwerk, ein Sauerteigbrot braucht bei ihm sechs volle Tage! Das Brot schmeckt „phein" zum klassischen Frühstück mit Ei und Marmelade oder zu Lachs und Avocadocreme. Mittags bieten die inzwischen vier Standorte in Wien das handgebackene Waldviertler Brot zu gesunden Köstlichkeiten wie Suppe, Salat oder Bowl. Reduziert und freundlich ist der Stil. Besonders gemütlich ist es im Bistro in der Kirchengasse, gleich neben der Mariahilfer Straße.

172. PARÉMI BOULANGERIE

1. BEZIRK • Bäckerstraße 10
+43 1 997 41 48 • paremi.at

Hier werden alle Frankophilen besonders glücklich. Die Croissants, Baguettes, Macarons und der Kaffee sind vorzüglich. Für ein leckeres Frühstück oder einen schnellen Espresso mit Croissant im 1. Bezirk ist dies eine unserer geliebten Wahladressen. Hier passt sogar der Straßenname zum Programm.

173. CAFÉ SACHER

1. BEZIRK • Philharmoniker Straße 4
+43 1 51 45 60 • sacher.com

Ihre Vorliebe für Zigarren und Zwergbulldoggen war bizarr. Das gastronomische Genie von Anna Sacher als Chefin des Hotel Sacher seit 1892 war bemerkenswert. Sie war eine der ersten weltbekannten Businessfrauen. Dann ist da noch die Original Sacher Torte, die 1832 vom blutjungen Lehrling Franz Sacher für den Fürsten Metternich erfunden wurde und jährlich 360.000 Mal verkauft wird. Jeder Wien-Besucher sollte sich im Café Sacher auf der mondänen roten Samtbank einen kleinen Braunen und ein Stück Torte mit Schlagobers gönnen. Die kaiserliche Grandezza färbt einfach ab und die Schokolade ist wirklich ein Gedicht und zergeht auf der Zunge. Eine zweite Adresse um diverse österreichische Schmankerl aus dem Hause Sacher zu genießen, ist das Sacher Eck in der Kärntner Straße 38.

174. HOLZOFEN-BÄCKEREI GRAGGER & CIE SPIEGELGASSE

1. BEZIRK • Spiegelgasse 23
+43 1 513 05 55 • gragger.at

Hier wird die Liebe zum Brothandwerk mit jedem Bissen gefeiert. Schon bevor man eine der vier Filialen betritt, verführt einen der Brotduft zum Hineingehen. Bereits ab vier Uhr morgens werden hier wie früher die Teige geknetet und große Brotlaibe und Gebäck im Holzofen gebacken. Wir empfehlen vor allem auch die mittlerweile berühmten Salzstangerl mit Butter und Semmel zu probieren!

175. RAMASURI

2. BEZIRK • *Praterstraße 19 • +43 676 466 80 60 • ramasuri.at*

Eine schöne Frühstücksadresse im 2. Bezirk mit freundlichem Service, bunten Stühlen und leckeren Kreationen. Bei Sonnenschein sitzen wir gerne draußen neben der Nestroy-Statue und sonst drinnen an einem der Holztische mit Blick auf die Graffiti-Deko von Loro Verz.

176. BALTHASAR KAFFEE BAR

2. BEZIRK • Praterstraße 38 • +43 1 946 95 36 • balthasar.at

Um acht Uhr trinken Banker Barista-Espresso, um zehn Uhr kommen die Yoginis aus der nahen „Yogawerkstatt" und plaudern bei Cappuccino mit Hafermilch und Briochekipferl. Mittags sind es Mamas mit Babies, die sich ein Tramezzini bestellen und eine Packung Balthasar Nr. 11 Arabica mit nach Hause nehmen. Cool und stylish. Besitzer Otto Bayer hat ein Statement gesetzt und passt mit seinem strengen Man Bun einfach perfekt zum Hipster Hotspot.

180.

180.

Vollpension
181.

BAR
177.

181.

177. SUPERSENSE

2. BEZIRK • Praterstraße 70
the.supersense.com

Das Supersense ist ein Mix aus analogem Fotofachgeschäft, Musikshop und Café im denkmalgeschützten, renovierten Dogenhof. Dieses einmalige Konzept überzeugt uns jedes Mal aufs Neue und lädt ein zum gemütlichen Verweilen.

178. STRÖCK-FEIERABEND

3. BEZIRK • Landstraßer Hauptstraße 82 • +43 1 20 43 99 99 30 57
stroeck-feierabend.at

Eines der besten Brunch-Lokale der Stadt! In der Philosophie des Ströck-Feierabend werden erstklassiges Bäckereihandwerk, Patisserie und Restaurantbetrieb kombiniert. Besonderer Wert wird hier auf Saisonalität und Regionalität der Produkte gelegt.

179. MEIEREI IM STADTPARK

3. BEZIRK • Am Heumarkt 2a
+43 1 713 31 68-10 • steirereck.at

Das kleine exquisite Schwesterlokal des international renommierten 2-Sterne-Restaurants Steirereck liegt mitten im grünen Stadtpark. Familie Reitbauer steht auch hier für höchste Ansprüche und bietet ein fantastisches Frühstückserlebnis! Neben einem klassischen Frühstücksmenü gibt es auch die etwas exotischere Variante mit Waffel, Saiblings-Tatar und Schokoladen-Salzkaramell-Tarte. Das 5-gängige Menü liegt bei vertretbaren 25 Euro.

180. ALMA GASTROTHEQUE

4. BEZIRK • Große Neugasse 31
+43 1 997 44 46 • alma-gastrotheque.at

Einmal im Monat findet in diesem schicken Dinner-Restaurant mit Kaffeehaus-Charme ein fantastischer À-la-carte-Brunch statt, der unter den Wienern heiß begehrt ist, darum unbedingt reservieren!

181. VOLLPENSION

4. BEZIRK • Schleifmühlgasse 16
+43 1 676 637 81 06 • vollpension.wien

„Griaß eich die Madln, servas die Buam!“ – welch ein großartiges Konzept! Die Vollpension ist ein selbstständiges Sozialgastronomieprojekt, wo Omas und Opas Kuchen und Torten nach alten Familienrezepten backen. Hier treffen sich alle Generationen inmitten von bunten, verschiedenen Möbeln, Bildern und kuriosen Details, welche tatsächlich an das gemütliche Wohnzimmer der Großeltern erinnern. Das Café im 4. Bezirk, unweit vom Naschmarkt, ist stets gut besucht und bietet für die weniger Süßen auch pikante Köstlichkeiten.

182. CAFÉ PROPELLER

5. BEZIRK • Krongasse 22
+43 1 992 21 27 • propeller.wien

Im puristischen Propeller im 5. Bezirk Magareten lässt es sich ganz wundervoll frühstücken. Vom Brioche Sandwich zu den fluffigen Pancakes mit saisonalen Früchten, hier wird auf regionale Zutaten und kreative Zubereitung großen Wert gelegt und das schmeckt man. Reservieren lohnt sich!

183. KURKONDITOREI OBERLAA

6. BEZIRK • Mariahilfer Straße 1c
+43 1 581 34 05-0 • oberlaa-wien.at

Seit 1974 entführt die Konditorei Oberlaa ihre Gäste in eine Welt höchster Patisserie & Confiserie-Kunst. Köstliche Torten, Kuchen, Konfekt und warme Mehlspeisen aus eigener Produktion können in mittlerweile elf Standorten genossen werden. Auch wer ein süßes Geschenk als Mitbringsel sucht, ist hier gut beraten.

184. PHIL

6. BEZIRK • Gumpendorfer Straße 10–12
+43 1 581 04 89 • phil.business.site

Ganz klar, hier geht es richtig philosophisch zu. In der Wohnzimmeratmosphäre im phil fühlt man sich einfach wohl. Ob allein oder mit Freunden, so schnell steht man hier nicht mehr auf. Das nette Café ist Möbelstore, Buchhandlung und Veranstaltungsort. Wer kein Buch zum Schmökern findet, genießt seinen Espresso und lässt beim phil-good-Frühstück im intellektuellen Ambiente zu französischen Chansons die Seele baumeln.

185. CAFÉ ESPRESSO

7. BEZIRK • Burggasse 57
+43 1 522 10 57-0 • espresso-wien.at

Das Café im 50er-Jahre-Stil in der Burggasse gehört zu unseren Lieblingscafés: tolle Musik, schöner Schanigarten mit Vintage-Möbeln und unprätentiöser Speis und Trank.

186. HILDEBRANDT CAFÉ

8. BEZIRK • Laudongasse 15–19
+43 1 406 89 05-10
volkskundemuseum.at/hildebrandt

Dieses Café befindet sich im Volkskundemuseum Wien und rundet einen Museumsbesuch mit fast ausschließlich Bio-Produkten kulinarisch ab. Der Name stammt von Johann Lucas von Hildebrandt, der auch der Architekt von vielen imposanten Gebäuden wie dem Palais Schönburg, der Peterskirche und vom Schloss Belvedere war.

187. CRÈME DE LA CRÈME

8. BEZIRK • Lange Gasse 76 • +43 660 283 37 69 • cremedelacreme.at

Der Name ist Programm. Eine charmante, kleine Pâtisserie in der Josefstadt mit unfassbar leckeren Mehlspeisen. Hier kommen alle Naschkatzen voll auf ihre Kosten und werden auch noch freundlich bedient. Es gibt Frühstück und eine kleine Mittagskarte. Wir raten zu reservieren.

188. JONAS REINDL COFFEE ROASTERS

9. BEZIRK • *Währinger Straße 2–4* • *jonasreindl.at*

Unter Bürgermeister Franz Jonas erbaut, drehen viele Straßenbahnen am Schottentor unterirdisch eine Runde – diese Schleife wird im Volksmund liebevoll „Jonas Reindl" genannt. Im Coffee Roasters gibt es Barista-Kreationen, Latte Art und leckere Süßspeisen wie das vegane Bananenbrot. Dies lockt nicht nur Studenten in das meist knackevolle Kaffeehaus. Wer vom Ring-Spaziergang müde ist, sollte hier rasten.

ALLE 192.

189. LA MERCERIE

9. BEZIRK • Berggasse 25

Das französische Café & Bistrot im Servitenviertel ist mit alten Apothekerschränken, geschmackvollen Bodenfliesen, Holztischen und einem verführerischen Duft nach Baguette und Croissants ein Highlight für alle Sinne.

190. CAFÉ COUTURE

9. BEZIRK • Garnisongasse 18
+43 676 332 20 76 • caffecouture.com

Georg Branny ist absoluter Kaffee-Enthusiast und einer der ganz Großen in der internationalen Barista-Szene. Hier in Wien betreibt er seinen kleinen Kaffee-Showroom, wo sich verschiedenste Kaffee-Spezialitäten verkosten lassen.

191. VELOBIS

14. BEZIRK • Johnstraße 1–3
+43 1 786 39 80 • velobis.com

In dem ehemaligen Kino wird mittlerweile ein Radfachgeschäft mit einem hippen Bistro kombiniert. Am Wochenende wird hier auch ein köstliches Frühstück serviert, das von Avocado-Toast über Pancakes und Waffeln bis hin zur klassischen Frühstücksplatte reicht. Bei sonnigem Wetter lässt es sich sehr schön im schattigen Innenhof sitzen.

192. CAFÉ HIMMELBLAU

18. BEZIRK • Kutschkergasse 36
+43 660 774 14 10 • himmelblau18.at

Nach einem Spaziergang über den Kutschkermarkt geht es in das gemütliche Frühstücks-Café Himmelblau nebenan. Auf der Karte findet sich neben den klassischen Frühstückslieblingen auch eine orientalische Version und vor allem wahnsinnig leckere Kuchen! Unter Wienern mittlerweile sehr beliebt, daher unbedingt reservieren – aber dafür wird das Frühstück hier bis 15 Uhr angeboten. Bonus für Familien: Direkt nebenan befindet sich ein Spielplatz!

199.

Eis

193.

193. EIS-GREISSLER

1. BEZIRK • *Rotenturmstraße 14*
eis-greissler.at

194. EISSALON AM SCHWEDENPLATZ

1. BEZIRK • *Franz-Josefs-Kai 17*
+43 1 533 19 96 • gelato.at

199.

195. LEONES GELATO

2. BEZIRK • *Praterstraße 16*
+43 1 352 52 52 • leones.at

196. VIDONI

3. BEZIRK • *Landstraßer Hauptstraße 2c*
+43 1 710 10 48 • vidoni.wien

197. EISSALON DE PELLEGRIN

7. BEZIRK • *Westbahnstraße 7*
+43 15 265 905

198. GELATERIA LA ROMANA

7. BEZIRK • *Stiftgasse 15–17*
+43 1 523 23 00 • gelateriaromana.com

199.

Glück kann man nicht kaufen, aber Eis … und das ist fast das Gleiche.

202. GEFRORENES – EIS WIE DAMALS

18. BEZIRK • *Währinger Straße 152*
+43 699 19 25 62 05 • *gefrorenes.com*

203. TRENTO BORTOLOTTI

22. BEZIRK • *Schüttauplatz 2*
+43 1 263 36 77 • *eissalon-trento-bortolotti.at*

199.

199. VEGANISTA ICE CREAM

7. BEZIRK • *Neustiftgasse 23*
+43 660 750 68 00 • *veganista.at*

200. SCHELATO

8. BEZIRK • *Lerchenfelder Straße 34*
schelato.at

201. GELATERIA DI JIMMY

15. BEZIRK • *Kardinal-Rauscher-Platz 7*
+43 1 942 59 05 • *gelateriadijimmy.com*

193.

7. Shops

„Das Schönste im Leben ist kostenlos.
Das zweitschönste ist ziemlich teuer.“
– Coco Chanel

Eine Shoppingtour durch Wien ist ein kontrastreicher Mix aus traditionellen Handwerksbetrieben und trendigen Concept Stores. Einerseits entdecken wir Produkte, die über Generationen verfeinert wurden und andererseits solche, die von jungen, passionierten Designern direkt im Atelier beschaut und erstanden werden können. Alle Geschäfte haben gemein, dass sie gewissermaßen eine Visitenkarte der Stadt sind: regionale Delikatessen bei „Haas & Haas“, moderne Dirndl im Flagshipstore von Lena Hoschek, modernes Wiener Porzellan aus der Manufaktur feinedinge* oder traditionelle Qualitätsprodukte wie die Mühlbauer Hüte oder Schuhe von Ludwig Reiter. Viel Freude beim Flanieren!

205.

205.

205.

207.

208.

205.

204. LENA HOSCHEK FLAGSHIP STORE

1. BEZIRK • *Seilergasse 16*
lenahoschek.com

Wir sind Riesenfans von Lenas Mode! Sie kombiniert traditionelle Formen mit großartigen Stoffen und Mustern. Zudem ist sie gebürtige Wienerin und damit die perfekte Local für unseren Reiseführer. Der Flagship Store im 1. Bezirk ist wie die Mode selbst stilvoll und edel. Eines ihrer Dirndl ist die perfekte Erinnerung an ein Wochenende in Wien.
Der schönste Baby Concept-Store *Bunny Bogart* kommt übrigens auch von Lena und befindet sich im 7. Bezirk (Gutenberggasse 17). Das Sortiment ist liebevoll, mit Augenmerk auf Qualität und Nachhaltigkeit für die Kleinsten zusammengestellt.

205. HEMDENMACHER GINO VENTURINI

1. BEZIRK • *Spiegelgasse 9* • *venturini.at*

Es gibt diese Dinge, die einem Mann ganz besondere Freude bereiten – neben rahmengenähten Schuhen und Hosenträgern sind das auch maßgeschneiderte Hemden. Nicolas Venturini führt das exklusive Atelier für Maßhemden bereits in 3. Generation mit über 100 Jahren Bestehen. Die sehr hochwertigen Hemden werden nicht wie der Name vermuten lässt in Italien gefertigt, sondern im niederösterreichischen Kleinrötz handgenäht. Preislich liegt man bei diesen Unikaten bei 200 Euro aufwärts.

206. BASTEI10

1. BEZIRK • *Dominikanerbastei 10*
marcosimonis.com

Inhaber und Visionär Marco ist ein Genießer, der seine Leidenschaft in nun vier Lokalitäten in Wien erfolgreich zum Ausdruck bringt. In der Bastei10 kombiniert er auf spannende Weise ein Bistro mit einem kleinen Showroom für ganz besondere Dinge aus der Genusswelt. Perfekt auch für ein kleines Frühstück oder den Kuchen am Nachmittag.

207. MICHEL MAYER

1. BEZIRK • *Singerstraße 7*
michelmayer.at

2001 hat Designerin Michaela Mayer ihren eigenen Showroom eröffnet: Bis heute stehen ihre Kollektionen für innovative und ungewöhnliche Schnitte, die schnell zum neuen Lieblingsstück im Kleiderschrank werden.

208. DAS NEUE SCHWARZ

1. BEZIRK • *Landskrongasse 1*
dasneueschwarz.at

Die Wiener Dependance zum Berliner Original bietet in stylischem Ambiente Designermode von bekannten Designhäusern wie Céline, Martin Margiela bis Balenciaga, aber auch Independent Designer finden sich hier zur Genüge. Besonders sind im Wiener Geschäft für gewöhnlich das modische Gespür der Verkäuferinnen und die spannenden Outfits in der Auslage.

209. MÜHLBAUER

1. BEZIRK • Seilergasse 10 • muehlbauer.at

Wir lieben Hüte und Mühlbauer ist definitiv eine unserer Lieblingsmarken. Seit 1903, als Julianna Mühlbauer die erste kleine Hutwerkstätte gründete, werden nach Handwerkskunst Hüte gefertigt. Heute führt das Geschäft unser Local Soulmate Klaus Mühlbauer in vierter Generation. Die einzigartigen Designs begeistern mittlerweile Hutkenner weltweit, so auch Berühmtheiten wie Brad Pitt, Meryl Streep, Madonna oder Yoko Ono. Neben dem 1. Bezirk gibt es auch eine Filiale im 7. Bezirk. Siehe Seite 167, Nummer 236.

210. PARK

7. BEZIRK • *Mondscheingasse 20* • *park-onlinestore.com*

Der Park Concept Store wurde 2004 vom Duo Markus Strasser und Helmut Ruthner eröffnet und gilt als erster seiner Art in Österreich. Mehr als 15 Jahre später wird der seinem Ruf für avantgardistische Mode, Kunst und Industrie-Design weiterhin gerecht. Neben bekannten internationalen Brands werden auch kleinere österreichische Labels wie Petar Petrov, Pelican Avenue oder Femme Maison präsentiert. Wer also im trendigen Neubau-Viertel unterwegs ist, der hat einen weiteren Grund die tolle Neubaugasse entlangzuflanieren.

214.

213.

214.

213.

211.

211. HAAS & HAAS WEIN UND FEINKOST

1. BEZIRK • *Ertlgasse 4* • *abhofvinothek.at*

Im Alter von 27 Jahren gründeten Eva und Peter Haas ihr erstes Geschäft und sind stadtbekannt für das heute traditionsreiche Teegeschäft und -lokal gegenüber vom Stephansdom. Mit ebenso viel Passion hat das Ehepaar in seinem neuen Feinkostgeschäft viele kulinarische Schätze Österreichs zusammengetragen – nur das Allerbeste der Winzer und Landwirte aus der Region.

212. KNIZE

1. BEZIRK • *Graben 13* • *knize.at*

Die besten maßgeschneiderten Herrenanzüge gibt es bei Knize. 1858 gründete der aus Tschechien stammende Josef Knize das heute geschichtsträchtige Haus und wurde bald darauf k. u. k. Hoflieferant.

213. LUDWIG REITER SCHUHE

1. BEZIRK • *Mölker Steig 1*
ludwig-reiter.com

1885 eröffnete das Ehepaar Ludwig und Anna Reiter ihre Schuhmacherwerkstatt im 4. Bezirk. Bereits zwei Jahre später fertigten sie Schuhe für die k. u. k. Armee und erreichen mit ihrer herausragenden Qualität viel Anerkennung. Heute wird diese typisch Wiener Manufaktur in 4. Generation geführt, ihre handgenähten Schuhe sind gewissermaßen ein Kulturgut.

214. THEEHANDLUNG SCHÖNBICHLER

1. BEZIRK • *Wollzeile 4* • *schoenbichler.at*

Die schönste Teehandlung der Stadt liegt in der Wollzeile 4 und blickt bald auf ihr 150-jähriges Bestehen zurück! Der tolle Charme aus vergangenen Zeiten ist hier geblieben und wer kein Teetrinker ist, der findet hier vielleicht alternativ den passenden Whiskey.

215. J. & L. LOBMEYR

1. BEZIRK • *Kärntner Straße 26*
lobmeyr.at

Die schönsten Lüster der Stadt gibt es in diesem traditionsreichen Wiener Fachgeschäft, das bald 200-jähriges Jubiläum feiert. Neben klassischen Kronleuchtern zeichnen sich die Leuchten ganz entgegen der langen Tradition durch einzigartiges und beeindruckend innovatives Design aus.

216. SONG

2. BEZIRK • *Praterstraße 11* • *song.at*

Die Geschichte dieses besonderen Fashion Concept Stores der Gründerin und Namensgeberin Myung Saba-Song begann bereits im Jahre 1998. Neben trendiger Mode werden hier auch Kunst und Möbel ausgestellt, die das besondere Flair des Geschäfts ausmachen.

220.

217.

217.

221.

217. SILVIA GATTIN

2. BEZIRK • Hollandstraße 9
silviagattin.com

Angefangen hat alles mit Boho-Stiefeln aus antiken Kelim-Teppichen, die Silvia in Marrakesch handfertigen lässt. Heute führt sie in ihrem Shop unweit vom Karmelitermarkt einen Mix aus Mode und Interior – darunter Schuhe, Taschen, Tagesdecken und Körbe. Oberstes Gebot: mit traditionellen Unikaten ein Zeichen gegen die schnelllebige Konsumgesellschaft setzen!

218. FEINEDINGE*

4. BEZIRK • Margaretenstraße 35
feinedinge.at

Porzellan ist wohl der Inbegriff schöner, feiner Dinge und so finden sich hier Vasen, Tafelgeschirr und Lampen in unterschiedlichsten Formen und Farben. Das Besondere ist, dass alles in der eigenen Manufaktur gestaltet und hergestellt wird, also Porzellan made in Vienna!

219. FLO VINTAGE

4. BEZIRK • Schleifmühlgasse 15 a
flovintage.com

Dieser Vintage-Laden in der Schleifmühlgasse ist seit über 40 Jahren eine Institution. Besitzerin Ingrid Raab, die vor mehr als 35 Jahren ihren ersten Laden für „nostalgische Mode" eröffnete, ist eine Koryphäe in modehistorischen Belangen. Hier lassen sich tatsächlich Unikate und Designer aus aller Welt finden, ob Helmut Lang, Stella Mc Cartney oder Marc Jacobs.

220. CARLA MITTERSTEIG

5. BEZIRK • Mittersteig 10 • carla-wien.at

Lange brachte ich einfach mein altes ausrangiertes Zeug hierher – Lampen, Nippsachen und viel Bekleidung. Doch irgendwann habe ich begonnen, selbst zu stöbern. Denn die carla in Wien Margareten ist nicht nur ein Lager der sozialen Organisation Caritas, sondern bietet Second-Hand-Schätze in vier Hallen vom einfachen Schuhregal, über Porzellanware, bis zum Designersofa. Neben der Textilhalle sind Kinder im Kinderland willkommen.

221. DIE WOHNUNG

5. BEZIRK • Schönbrunner Straße 100
diewohnung.wien

Bereits von Weitem sticht die außergewöhnliche Eckfassade dieses nicht minder außergewöhnlichen Stores ins Auge. Selten habe ich Second-Hand-Möbel so gut kuratiert gesehen. Zu Recht tut sich also beim Streifzug durch die exzellent erhaltenen Mid-Century-Klassiker die Frage auf: Ist das wirklich noch ein Store oder doch schon eine Galerie?

ALLE 226.

222. RAUMKOMPLETT

6. BEZIRK *• Theobaldgasse 20*
raumkomplett.at

Der Name ist Programm, denn hier gibt es alles, was die eigenen vier Wände noch schöner macht. Nur einen Steinwurf von der Fast-Fashion-Hochburg der Mariahilfer Straße entfernt, setzt dieser Concept Store in Familienhand auf Nachhaltigkeit und soziale Verantwortung. Fürs Stöbern unbedingt ein bisschen Zeit mitbringen, denn jedes Teil hier hat eine eigene Geschichte.

223. HABARI DESIGN STORE

6. BEZIRK *• Theobaldgasse 16 • habari.at*

Nur unweit vom Wiener Museumsquartier offenbart sich ein Sammelsurium hochwertiger Interieur-Schätze. Skandi-Chic suchen Einrichtungsbegeisterte hier vergebens – ebenso wie Produkte vom Band oder Billigwaren. Stattdessen, handgefertigte Manufakturwaren, die die Inhaberin Lore Sander von ihren vielen Reisen mitbringt – Textilien, Körbe und Keramiken in allen Farben und Variationen.

224. KLEIDER GEHEN UM

6. BEZIRK *• Webgasse 4*
kleidergehenum.at

Der jüngste Neuzugang in Sachen Vintage-Mode setzt auf qualitative, zeitgemäße Einzelstücke und möglichst naturbelassene Materialien. Auf ihrem Instagram Account stylt Besitzerin Heidi die Sachen zu tragbaren, zeitgemäßen und bodenständigen Outfits, die alle das gewisse Wiener Etwas haben. Wer Vintage liebt, wird Heidi lieben!

225. WOLFMICH

6. BEZIRK *• Gumpendorfer Straße 51*
wolfmich.com

Das Wolfmich ist ein echter Paradiesvogel – alles hier ist mindestens bunt, sehr wahrscheinlich irgendwie schräg und dabei doch absolut tragbar. Mit einer Mischung aus Streetstyle und Avantgarde sind die erlesenen Vintage-Fundstücke und die hier kreierten Looks so erfrischend anders, dass wir einen Besuch jedem nur wärmstens empfehlen können.

226. ARNOLD'S

7. BEZIRK *• Siebensterngasse 52*
arnoldsvienna.com

So macht Einzelhandel Spaß: top Beratung, zeitlose, qualitativ hochwertige Marken und eine durchdachte Auswahl. Die Siebensterngasse lässt sich wunderbar entlangbummeln und im Arnold's werden vor allem Männer, aber auch Frauen mit einem Faible für internationale Brands glücklich.

227. DIE SELLERIE

***7. BEZIRK** • Burggasse 21/1 • diesellerie.com*

Hat mit Gemüse nicht viel zu tun, steht seinem Namensgeber aber in Trendangelegenheiten ansonsten in nichts nach. Hier findet man hippe Wohnaccessoires, selbst gestaltete und lokal produzierte Papierwaren, Keramik, Fine-Art Prints und besondere Geschenkideen für alle Anlässe. Und „gesund“ ist es allemal, denn alle Produkte sind ausschließlich aus europäischen Manufakturen oder von kleinen Designern.

228. SOUS-BOIS

7. BEZIRK • Neustiftgasse 33 • sous-bois.at

Seit 2009 lebt die Pariser Grafikdesignerin Chloe Thomas in Wien. Weil sie Papier so sehr liebt und ein Schreibwarenladen wie der ihre der Stadt noch fehlte, hat sie ihn kurzerhand selbst eröffnet. Der Name bedeutet „Unterholz“, was in doppelter Hinsicht eine süße Anspielung ist und perfekt zum ausgewählten Sortiment aus Ländern wie Korea, Frankreich, Japan, Deutschland und Österreich passt.

232.

233.

232.

232.

233.

229. ART POINT

7. BEZIRK • *Neubaugasse 35*
artpoint.eu

Designerin Lena Kvadrat eröffnete 2012 ihren Concept Store im 7. Bezirk an der Neubaugasse, wo auch die beiden Ladengeschäfte WE BANDITS und die Hutmanufaktur Mühlbauer zu besuchen sind. Für Lena ist Mode mehr als nur das Sichtbare. Vielmehr eine eigene Philosophie, die sie Interessierten auch liebend gern näherbringt.

230. BUNNY BOGART

7. BEZIRK • *Gutenberggasse 17*
bunnybogart.com

Lena Hoschek ist nicht nur Modedesignerin, sondern auch Mama, und so lag es nahe, ein eigenes Label mit zugehöriger Boutique zu gründen.

231. BURGGASSE24

7. BEZIRK • *Burggasse 24/8*
burggasse24.com

Die Burggasse 24 macht Nachhaltigkeit hip – zumindest lässt das Wiener Szene-Klientel, das sich hier für gewöhnlich tummelt, darauf schließen. Das auserkorene Sortiment an Kleidung reicht von 60er- und 70er-Jahre-Klassikern bis hin zu ausgewählten Designerstücken. Die unprätentiösen Räume beherbergen neben der Vintage-Boutique auch ein Café, um nach einem ausgiebigen Fashion-Bummel noch einen Verlängerten zu genießen.

232. FERRARI ZÖCHLING

7. BEZIRK • *Kirchengasse 27*
ferrarizoechling.com

Romana Zöchling gründete 2013 ihr Label und hat nun im 7. Bezirk ihr eigenes Atelier, das gleichzeitig auch als Boutique dient. Neben ihren eigenen limitierten Kollektionen ist sie bekannt für ihre Theater- und Film-Kostüme.

233. INA KENT

7. BEZIRK • *Siebensterngasse 50*
inakent.com

Eine Tasche für alle Fälle – Ina Kent ist die Wiener Institution, wenn es um hochwertige und doch erschwingliche Ledertaschen und -accessoires geht. Egal ob Cross Bag, Weekender, Rucksack oder edle Clutch – hier gibt es nichts, was es nicht gibt. Und so manche Tasche ist ganz multifunktional sogar alles in einem.

234. EIGENSINNIG

7. BEZIRK • *Sankt-Ulrichs-Platz 4* • *eigensinnig-wien.com*

Die beiden Inhaber begreifen ihre Mode-Boutique auf eigensinnige Weise als Bühne, auf der man hinter die Kulissen schauen kann. Direkt neben dem Verkaufsraum ist das Atelier angeschlossen und wechselnde Ausstellungen bereichern die Räumlichkeiten.

235. VOLTA

7. BEZIRK • *Siebensterngasse 28* • *voltavienna.com*

Thadobati Bowls, Azilal und Beni Ourain Teppiche, farbenfrohe Keramik, japanische Kitchenware aus Holz, exotische Teemischungen oder eine Avocado-Vase – im Volta gibt es Dinge, von denen ich gar nicht wusste, dass ich sie je brauchen würde. Aber siehe da: Einmal auf meinem Wunschlisten-Radar aufgetaucht, möchten ich die vielen extraordinären Designs auf einmal alle mit nach Hause nehmen.

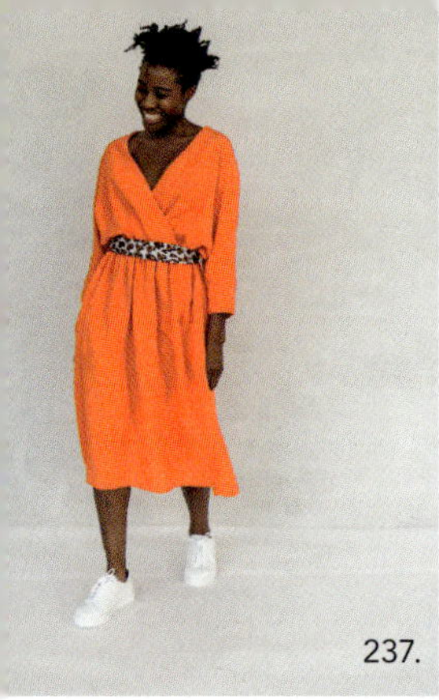

237.

236.

239.

237.

237.

236.

236. MÜHLBAUER HUTMANUFAKTUR

7. BEZIRK • Neubaugasse 34
muehlbauer.at

„Das Faszinierende am Hutmachen ist der gestalterische Eingriff am Kopf – der sichtbarsten Stelle des menschlichen Körpers. Bei Anwendung des entsprechenden Fingerspitzengefühls und Knowhows kann man dabei wahre Wunder bewirken: stilbildend und identitätsstiftend." so Klaus Mühlbauer, unser Wiener Local Soulmate und Inhaber des Kult-Handwerksbetriebes in 4. Generation. Neben dem Store im 1. Bezirk gibt es natürlich auch einen im 7. der besucht werden will. Viel Vergnügen bei der Auswahl einer neuen, schönen Kopfbedeckung.

237. WE BANDITS

7. BEZIRK • Neubaugasse 36
webandits.eu

Was haben Südkorea und Wien gemein? We Bandits! Entworfen in Wien von Inhaberin und Modedesignerin Sophia Pollak, werden die femininen Kleidungsstücke aus zumeist 100 % Leinen (und mit ziemlich österreichischen Namen wie Selina oder Frieda) in Seoul handgefertigt. Das Credo des Labels: innovatives Design, faire Produktion und faire Preise.

238. WERKSTÄTTE CARL AUBÖCK

7. BEZIRK • Bernardgasse 21
werkstaette-auboeck.blogspot.com

Carl Auböck gehört zum traditionsreichen Wiener Handwerk, er gestaltet Design-Objekte aus Messing, Holz oder Lederwaren. Hier lassen sich seine Schaffensstätte besichtigen und bei Gelegenheit ein Plausch mit Herrn Auböck persönlich halten. Vorheriger Anruf wird empfohlen.

239. DIE GLASFABRIK

15. BEZIRK • Felberstraße 3
glasfabrik.at

Manche nennen sie shabby, vintage oder industrial, für mich sind es Möbel mit Patina und Charme. Die Glasfabrik versteckt sich hinter dem Westbahnhof, im 15. Bezirk. Wer auf seinen Zug nach Salzburg warten muss, sollte unbedingt hier vorbeischauen. Die riesige Auswahl auf zwei Ebenen mit vielen Einzelstücken reicht vom Barock bis in die 80er.

246.

Buchhandlungen

240. BABETTE'S

1. BEZIRK • Schleifmühlgasse 17
babettes.at

Kochbücher und Gewürze.

241. LIA WOLF CABINETT

1. BEZIRK • Sonnenfelsgasse 3
wolf.at

Grafikdesign, Fotografie, Mode.

242. ANNA JELLER

4. BEZIRK • Margaretenstraße 35
annajeller.at

Ein großartiges Bücherangebot – frei nach Franz Kafka: „Ein Buch muss die Axt sein für das gefrorene Meer in uns."

243. LHOTZKYS LITERATURBUFFET

2. BEZIRK • Rotensterng. 2
literaturbuffet.com

Mehr als eine Buchhandlung oder ein Café.

240.

240.

Von allen Welten, die der Mensch erschaffen hat, ist die der Bücher die gewaltigste.

Heinrich Heine

187. PHIL (BEI CAFÉS)

6. BEZIRK • Gumpendorfer Straße 10
phil.info

Ein bunter Mix aus Café, Möbelgeschäft, Buchladen und Plattengeschäft.

244. WALTHER KÖNIG IM MQ

7. BEZIRK • Museumsplatz 1

Bücher zu Kunst, Architektur, Design und Popkultur in schöner Atmosphäre.

245. LERCHENFELD

8. BEZIRK • Lerchenfelder Straße 50
lerchenfeldbuch.at

„Lesen, das geht ein, zwei Jahre gut. Dann bist du süchtig." Persönliche Beratung ist hier garantiert.

246. LÖWENHERZ

9. BEZIRK • Berggasse 8 • loewenherz.at

Seit 25 Jahren die unabhängige und herzliche LGBT-Buchhandlung.

8. Bars & Clubs

„Die Nächte lehren viel, was die Tage niemals wissen …“

– aus Persien

Mit Wien verbinden wir sowohl dekadenten Genuss als auch bodenständiges Vergnügen. Am besten tagsüber in den Wurstelprater, abends in die Oper oder zum Theater und anschließend in Abendgarderobe zum Scharfen René Käsekrainer essen. Alternativ haben wir die Wahl zwischen urigen Kneipen mit Schanigarten, coolen Cocktailbars mit schillerndem Interieur oder den angesagtesten Clubs. Für jeden Geschmack findest du hier die passende Ausgeh-Empfehlung für eine unvergessliche Nacht.

263.

Bars

247. KLEINOD
1. BEZIRK • *Singerstraße 7*
kleinod.wien

248. LOOS AMERICAN BAR
1. BEZIRK • *Kärntner Durchgang 10*
loosbar.at

250.

249. MOTTO AM FLUSS
1. BEZIRK • *Franz-Josefs-Kai 2*
mottoamfluss.at

250. ROBERTO AMERICAN BAR
1. BEZIRK • *Bauernmarkt 11–13*
robertosbar.com

251. SCHWEDEN ESPRESSO
1. BEZIRK • *Laurenzerberg 5*

252. BAR CAMPARI
1. BEZIRK • *Seitzergasse 6*
barcampari.at

253. DAS LOFT
2. BEZIRK • *Praterstraße 1*
dasloftwien.at

254. HAMMOND BAR
2. BEZIRK • *Taborstraße 33*
hammondbar.at

255. NENI AM WASSER
2. BEZIRK • *Obere Donaustraße 65*
neni.at

256. STRANDBAR HERRMANN
3. BEZIRK • *Herrmannpark*
strandbar-herrmann.at

257. XENO
4. BEZIRK • *Schleifmühlgasse 21*
xeno.at

258. BAR TABACCHI
5. BEZIRK • *Ramperstorffergasse 61*
bartabacchi.at

259.

248.

248.

259. IF DOGS RUN FREE

6. BEZIRK • *Gumpendorfer Straße 10*
ifdogsrunfree.com

260. FRAU BERNHARD

6. BEZIRK • *Esterházygasse 11*

261. BESTENS. COCKTAILBAR

7. BEZIRK • *Burggasse 23* • *bestens.bar*

262. CAFÉ MORGENSTERN

7. BEZIRK • *Sankt-Ulrichs-Platz 5*

263. DIE PARFÜMERIE

7. BEZIRK • *Hermanngasse 7*
dieparfuemerie.net

264. TÜR 7

8. BEZIRK • *Buchfeldgasse 7* • *tuer7.at*

265. THE SIGN

9. BEZIRK • *Liechtensteinstraße 104–106*
thesignlounge.at

266. AUGUSTIN

15. BEZIRK • *Märzstraße 67*
das-augustin.at

267. STRANDBEISL SELBSTVERSTÄNDLICH

22. BEZIRK • *An der Unteren Alten Donau 159* • *strandbeisl.at*

268. UFERTAVERNE

22. BEZIRK • *An der Oberen Alten Donau 186* • *ufertaverne.at*

248.

Clubs

269. FLEX

1. BEZIRK • *Augartenbrücke 1 • flex.at*

270. PORGY & BESS

1. BEZIRK • *Riemergasse 11 • porgy.at*

271. FLUC & FLUC WANNE

2. BEZIRK • *Praterstern 5 • fluc.at*

272. PRATERSAUNA

2. BEZIRK • *Waldsteingartenstraße 135 • pratersauna.tv*

273. B72

8. BEZIRK • *Hernalser Gürtel 72 • b72.at*

274. CAFÉ CLASH

9. BEZIRK • *Fluchtgasse 9 • clash.at*

274.

270.

272.

275. GRELLE FORELLE

9. BEZIRK • *Spittelauer Lände 12*
grelleforelle.com

276. RHIZ

15. BEZIRK • *U-Bahnbogen 37* • *rhiz.org*

272.

272.

9. Hotels

„Der Schlaf ist doch die köstlichste Erfindung …"

– Heinrich Heine

Wir lieben Hotels mit Seele, einzigartige Orte mit Persönlich- keit, Stil und Schönheit. Es sind Orte, an denen Geschichten erzählt und neue geschrieben werden. Die Geschichten handeln von passionierten Gastgebern, kreativen Ideen und Designs und internationalen wie auch lokalen Begegnungen. Kontraste sind dabei sehr willkommen und so reichen unsere Empfehlungen von schicken Designhotels über urige Pensionen bis hin zu Orten, die zugleich einen gesellschaftlichen Beitrag leisten. Hier ist unsere Auswahl an Lieblingsorten in Wien für erholsame Nächte und inspirierte Tage.

277. THE GUESTHOUSE

1. BEZIRK • *Führichgasse 10 • +43 1 512 13 20 • theguesthouse.at, €€€*

Das Highlight in diesem luxuriös ausgestatteten Design-Hotel ist der Blick auf die gegenüberliegende Albertina. Unvergessen bleibt das Frühstück auf der extra breiten Fensterbank, während wir auf das ehrwürdige Museum und den Würstelstand Bitzinger blicken! Das Bad ist komplett in weißem Marmor gekleidet, das à-la-carte- Frühstück war köstlich, Duft von Frischgebackenem steigt uns morgens in die Nase und das Ambiente in der Brasserie ist edel und modern.

278. GRAND FERDINAND

1. BEZIRK • Schubertring 10–12 • +43 1 918 80-0 • grandferdinand.com, €€€

Das Grand Ferdinand liegt direkt neben dem Stadtpark (perfekt für die morgendliche Laufrunde) und bietet einen bunten Strauß toller Erlebnisse. Das Frühstück wird im hippen Rooftop-Restaurant mit Blick über die Dächer von Wien serviert. Zudem gibt es hier auch einen kleinen Pool, der zum anschließenden Relaxen einlädt. Zuletzt sei das Restaurant Meissl & Schadn im Erdgeschoss dringend empfohlen. Hier gibt es für unseren Geschmack das beste Schnitzel Wiens!

279.

281.

279.

281.

279.

279.

279. HOTEL LAMÉE

1. BEZIRK • Lichtensteg 2–3
+43 1 532 22 50 • hotellamee.com, €€€

Zentraler lässt es sich kaum nächtigen. Das schicke Boutiquehotel liegt unmittelbar am Stephansdom. Von der hauseigenen Dachterrasse aus hat man einen sensationellen Blick auf das Wahrzeichen der Stadt. Die Zimmer beeindrucken zudem mit viel Gold, schwarzem Marmor und dunkler Holzvertäfelung!

280. PENSION NOSSEK

1. BEZIRK • Graben 17
+43 1 533 70 41 11
pension-nossek.at, €€

Wir erinnern uns so gern an die Zeit zurück, als wir bei unseren Städtetrips nicht in Hotels oder Airbnb-Wohnungen, sondern in Pensionen übernachtet haben. Diese bieten eine einzigartige Mischung aus persönlichem Charme und authentischem Flair der jeweiligen Stadt. Gleiches gilt für die bereits seit über 100 Jahren bestehende Pension Nossek, die zudem sehr zentral und unweit vom Stephansdom gelegen ist.

281. GRÄTZLHOTEL KARMELITERMARKT

2. BEZIRK • Große Sperlgasse 6
+43 1 208 39 04 • graetzlhotel.com, €€

Hier stehen drei entzückende Suiten für zwei bis vier Gäste zur Wahl, die sehr hip und stylisch eingerichtet sind. Der Check-In lässt sich eigenständig durchführen, so bleibt man flexibel und kann sich ganz dem Erkunden der Gegend widmen: Kaffeetrinken im Kaas am Markt oder veganes Lunch im Zimmer 37 am Karmelitermarkt. Lass dich ein auf die lebendige Handwerkerszene in der Leopoldstadt. Abends geht's dann mit den hauseigenen Fahrrädern in die Lokalszene am Donaukanal.

282. HOTEL DANIEL

3. BEZIRK • Landstraßer Gürtel 5
+43 1 901 31-0 • hoteldaniel.com, €€

Ja, es liegt am Gürtel. Ja, das ist Wiens meistbefahrene Straße. Aber das ist so was von egal. Denn erstens sind die Fenster des Hotels dicht und zweitens ist die Atmosphäre ach so wunderbar. Und dann das Design – innen ist es von industriellem, urbanem Schick, außen ist es ein denkmalgeschütztes Hoffmann-La Roche-Gebäude aus den 60ern. Hast du das herabfallende Segelboot am Dach gesehen? Es ist von Künstler Erwin Wurm. Hotelier Florian Weitzer eröffnete das erste Daniel in Graz, 2011 dann eines in Wien. Alle 115 Zimmer sind individuell gestaltet. Der Hauptbahnhof und das Belvedere sind ums Eck und Frühstück und Lunchbreak in der „Bakery" sind Kult.

283. HOLLMANN BELETAGE

1. BEZIRK • Köllnerhofgasse 6 • +43 1 961 19 60 • crazyhollmann.com, €€€

Schauspieler, Koch und Nicht-Hotelier Robert Hollmann heißt seine Gäste in diesem charmanten Gründerzeithaus im 1. Bezirk willkommen. Die Zimmer sind für die Lage überraschend großzügig. Das Ambiente ist mit seinen bunten Farben und den vielen Details ungewöhnlich, aber eben auch geschmackvoll und zum Wohlfühlen. Das Frühstück ist mit Bedacht ausgewählt und wird immer mit einem Lächeln serviert – einfach zum Zuhause fühlen.

284. MAGDAS HOTEL

2. BEZIRK • *Laufbergergasse 12 • +43 1 720 02 88 • magdas-hotel.at, €€*

Stay open-minded! Das ist das Motto in der Lieblingsbleibe unserer Soulmate Maddi. Und so kommt es auch, dass man hier auf die vielfältigsten Menschen trifft. Alleine das Hotel-Team vereint 14 Nationen. Neuerdings wurden hier gemeinsam mit dem Österreichischen Bundesministerium 13 Lehrlingsstellen für Menschen mit Fluchthintergrund geschaffen. Die Preise sind sehr moderat für Wiener Verhältnisse, der Frühstücksbrunch zum Wohlfühlen und die schönen Zimmer mit dem Upcycling-Konzept erlebenswert!

285. HOTEL BEETHOVEN

6. BEZIRK • *Papagenogasse 6 • +43 1 58 74 48 20 • hotel-beethoven.at, €€*

Das Beethoven liegt unmittelbar am Naschmarkt und ist für uns ein ganz besonderer Ort mit Seele. Inhaberin Barbara Ludwig hat mit viel Wissen und Sorgfalt aus dem historischen Gebäude ein einzigartiges Stadthotel geschaffen. Die Zimmer sind großzügig und dabei sehr kreativ und aufwendig eingerichtet. Bunte Farben treffen auf antike Möbel, der Fernseher verschwindet hinter einem Gemälde und im Salon lässt sich bei Klassik-Musik das Frühstück wunderbar in die Länge ziehen. Es lohnt sich eine Tour durch das Hotel zu machen, da sich jede Etage einem eigenen Thema widmet und oft ungekannte Perspektiven auf die Stadt offenbaren.

286. HOTEL ALTSTADT

7. BEZIRK • *Kirchengasse 41 • +43 1 522 66 66 • altstadt.at, €€€*

Wir würden hier am liebsten für ein paar Wochen einziehen und alle paar Tage das Zimmer wechseln. Jedes Zimmer hat einen absolut eigenen Stil, wurde von spannend eigenwilligen Persönlichkeiten gestaltet und ist höchst erlebenswert! Otto Wiesenthal hat das Haus ursprünglich für seine persönliche Kunstsammlung erstanden und diese Absicht drückt sich noch heute in der Seele und Ästhetik des Hauses aus. Gäste können an einer Hotelführung teilnehmen, die wie in einem Museumsrundgang die verschiedenen Gemälde und Geschichten des Hauses bespricht. Ein in vielerlei Hinsicht fantastisches Hotel im charmanten Viertel Spittelberg.

288.

287.

287.

290.

287.

288.

287. 25HOURS MUSEUMSQUARTIER

7. BEZIRK • Lerchenfelder Straße 1–3
+43 1 52 15 10 • 25hours-hotels.com, €€

Das 25hours ist einer der Hotspots der Stadt – und zwar nicht nur für Touristen. Das liegt an der Lage, gleich neben Volkstheater und Museumsquartier, der quirligen Szene der Lerchenfelder Straße und am hippen Style unter dem glitzernden Motto „Varieté". Das 25hours, ein ehemaliges Studentenheim, ist auch nachtaktiv. Im Restaurant gibt es Pizza und Salate, und die Rooftop-Bar bietet Cocktails und einen sensationellen Blick über Wien.

288. HOTEL AM BRILLANTENGRUND

7. BEZIRK • Bandgasse 4
+43 1 523 36 62 • brillantengrund.com, €

Eine weitere Hotel-Empfehlung unserer Local Madeleine. Der 7. Bezirk Neubau gehört zu den angesagtesten Stadtteilen. Und genau dort, mitten im Herzen, unmittelbar an der Mariahilfer Straße, liegt das Hotel am Brillantengrund. Die Zimmer sind ganz wienerisch im Stil der 60er-Jahre eingerichtet, Mama Mangalino kocht im hauseigenen Restaurant echt philippinisches Soulfood, und der palmengesäumte Innenhof ist im Sommer der tollste Rückzugsort.

289. BOUTIQUEHOTEL STADTHALLE

15. BEZIRK • Hackengasse 20
+43 1 982 42 72 • hotelstadthalle.at, €€

Das ausgezeichnete Hotel ist das erste seiner Art mit einer Null-Energie-Bilanz: Das heißt mit Fotovoltaik, Solarenergie und dem Verzicht auf große Energiefresser kann übers Jahr gesehen genauso viel Energie produziert werden, wie auch verbraucht wird. Der grüne Innenhof ist ein tolles Refugium und ein schöner Ausdruck dieser Liebe zur Umwelt. Es als Bio-Hotel zu bezeichnen würde dem stillvollen Ambiente des Hauses nicht gerecht und doch wird hier das Schöne mit dem Nachhaltigen auf fantastische Weise kombiniert.

290. THE ROOMS BED & BREAKFAST

22. BEZIRK • Schlenthergasse 17
+43 664 431 68 30 • therooms.at, €

Die passionierte Gastgeberin Eva Elbaranes hat vor ein paar Jahren dieses charmante und liebevolle Bed & Breakfast mit vier Zimmern eingerichtet. Abseits vom Trubel der City lässt sich hier ein ganz friedliches und authentisches Wien-Erlebnis an der Alten Donau machen. Wen es dann doch in die City zieht, der kann eines ihrer drei Apartments im 2. Bezirk beziehen.

DANKE

… fürs Lesen, Sich-inspirieren-Lassen und Entdecken mit diesem Reiseführer. Er wurde mit sehr viel Feldforschung, Freude und Neugierde gestaltet.

Seit 2010 haben wir es uns mit NECTAR & PULSE zur Aufgabe gemacht, die schönsten Orte dieser Welt zu finden und mit reiselustigen und gleichgesinnten Menschen zu teilen. Aus dieser jahrelangen Recherche und Liebe zum Reisen ist eine große Schatzkiste aus Restaurants, Cafés, Shops, Hotels, Museen, Galerien, Bars, Ausflugszielen und inspirierenden *Local Soulmates* entstanden. All diese Schätze teilen wir in unseren Guides.

Auf nectarandpulse.com kannst du dir die Tipps, von *Local Soulmates* downloaden, während wir weitere Reiseführer gemeinsam mit der Süddeutsche Zeitung Edition recherchieren. Unter anderem gibt es die Glücklich in … Reihe bereits für Berlin, London, Paris, Südschweden + Stockholm, Toskana, München, Hamburg, Island und Dalmatien. Bei Fragen oder Anmerkungen schreib uns gerne.

Eine erfüllte Reise wünschen

Tanja & Christian

Mehr auf
NECTAR & PULSE – nectarandpulse.com
Süddeutsche Zeitung Edition – SZ-Shop.de

Instagram
@nectarandpulse
@the.rooses

Kontakt
hello@nectarandpulse.com

Das Leben ist eine Reise

Verantwortlich: Claudia Hohdorf
Idee & Redaktion: Tanja Roos und Dr. Christian Roos
Konzept, Recherche, Design: Tanja Roos und Dr. Christian Roos
Texte: Stephanie Johne, Birgit Schaller
Layout & Satz: detailverliebt. Ulrike Poppe, Nachauflage: Elke Mader
Aktualisierung 2022: Helga Peterz
Karte/Infografik: Hanna Eiden, Anne Milachowski
Herstellung: Alexander Knoll
Printed in Slovenia by Florjancic

★★★★★

Sind Sie mit diesem Titel zufrieden? Dann würden wir uns über ihre Weiterempfehlung freuen.
Erzählen Sie es im Freundeskreis, berichten Sie Ihrem Buchhändler, oder bewerten Sie bei Onlinekauf. Und wenn Sie Kritik, Korrekturen, Aktualisierungen haben, freuen wir uns über Ihre Nachricht an Süddeutsche Zeitung Edition, c/o Bruckmann Verlag GmbH, Postfach 40 02 09, D-80702 München oder per E-Mail an lektorat@verlagshaus.de

Unser komplettes Programm finden Sie unter verlagshaus24.de/sz-edition.de

In diesem Buch wird aus Gründen der besseren Lesbarkeit das generische Maskulinum verwendet. Weibliche und anderweitige Geschlechteridentitäten werden dabei ausdrücklich mitgemeint, soweit es für die Aussage erforderlich ist.

Local Soulmates:
Katharina Schinkinger, Madeleine Alizadeh, Klaus Mühlbauer, Lilli Hollein, Peter Friese, Laura Karasinski, Nuriel Molcho, Lena Hoschek, Ema Kaiser, Alexandra Winkler, Sophie Pollak, Renate Mitschko

Fotografie & Editing:
NECTAR & PULSE – Tanja Roos und Christian Roos

Weitere Fotos:
Ruth Abram, Marie-Claire Amann, Atelier Karasinski, Atelier Olschinsky, Peter Barci, Gigi Benham, Daniel Beranek, Anna Blau, Anna Brightside, Die Sellerie, Fabian Dierig, Lisa Edi, Fotografie Fetz, Julia Geiter, Generation-V, Mark Glassner, Green Cat Production, Michael Gruber, Karin Hackl, Steve Herud, Julius Hirtzberger, Susanna Hofer, Hertha Hurnaus, Interfoto, Philipp Jelenska, Per-Anders Jörgensen, Johannes Kernmayer, Jenni Koller, Lina Kroencke, Küchenfreundinnen, Gregor Kuntscher, Walter Luttenberger, Melanie Martin, Jamie McGregor, Elisabeth Mimra, Eva Mühlenbacher, A. Nuredini, Matthias Obergruber, Stefan Oláh, Atelier Olschinsky, Susanna Paller, Markus Patak, David Payr, Rafaela Proell, Mike Rabensteiner, Andreas Scheiblecker, Sigrid Schot, Lupi Spuma, Patrick Spychala, C Thomas, Klaus Vyhnalek, Christof Wagner, Nicky Webb, Margret Weber-Unger, Tom Weilguny, Jan Zaslawski, Ulrich Zinell, Jonathan Tieh

Die Deutsche Nationalbibliothek verzeichnet diese Publikation in der Deutschen Nationalbibliografie; detaillierte bibliografische Daten sind im Internet über http://dnb.d-nb.de abrufbar.

ISBN 978-3-7343-2701-8

„Es gibt keinen Weg zum Glück. Glücklichsein ist der Weg.“

– Buddha